Sylvia Wetzel
Gelassenheit

Sylvia Wetzel

Gelassenheit

Mut und Zuversicht inmitten
von Krisen finden

Patmos Verlag

VERLAGSGRUPPE PATMOS

PATMOS
ESCHBACH
GRUNEWALD
THORBECKE
SCHWABEN
VER SACRUM

Die Verlagsgruppe
mit Sinn für das Leben

Die Verlagsgruppe Patmos ist sich ihrer Verantwortung gegenüber
unserer Umwelt bewusst. Wir folgen dem Prinzip der Nachhaltigkeit und
streben den Einklang von wirtschaftlicher Entwicklung, sozialer Sicherheit
und Erhaltung unserer natürlichen Lebensgrundlagen an. Näheres zur
Nachhaltigkeitsstrategie der Verlagsgruppe Patmos auf unserer Website
www.verlagsgruppe-patmos.de/nachhaltig-gut-leben
Übereinstimmend mit der EU-Verordnung zur allgemeinen Produktsicherheit (GPSR) stellen wir sicher, dass unsere Produkte die Sicherheits-
standards erfüllen. Näheres dazu auf unserer Website www.verlagsgruppe-
patmos.de/produktsicherheit. Bei Fragen zur Produktsicherheit wenden
Sie sich bitte an produktsicherheit@verlagsgruppe-patmos.de

Bibliografische Information der Deutschen Nationalbibliothek
Die Deutsche Nationalbibliothek verzeichnet diese Publikation in der
Deutschen Nationalbibliografie; detaillierte bibliografische Daten sind
im Internet über http://dnb.d-nb.de abrufbar.

Verlagsgruppe Patmos in der Schwabenverlag AG, Senefelderstr. 12,
73760 Ostfildern
www.patmos.de

Umschlaggestaltung: Finken & Bumiller, Stuttgart
Umschlagabbildung: Nikita Biserov / shutterstock
Gestaltung, Satz und Repro: Schwabenverlag AG, Ostfildern
Druck: GGP Media GmbH, Pößneck
Hergestellt in Deutschland
ISBN 978-3-8436-1581-5

Inhalt

Zur Einstimmung

Leben ist kein Wellnessurlaub, und kaum jemand bleibt verschont von kleineren und größeren Konflikten. Zudem bringen Krisen und Umbrüche in unserem Umfeld und in der Welt immer wieder unser Leben und unsere Pläne durcheinander. Dann bröckelt unsere Zuversicht. In all diesen Situationen hilft Gelassenheit.

Die Gelassenheit – buddhistisch Gleichmut – hat bei vielen jedoch keinen guten Ruf, denn sie wird leicht mit Gleichgültigkeit verwechselt. Aus Angst vor Schmerzen und Konflikten, vor Herausforderungen und notwendigen Veränderungen bauen wir Mauern um uns herum. Wir schotten uns ab, wollen nicht aus unserem Gewohnten gerissen werden, und vieles ist uns dann scheinbar egal.

In diesem Buch geht es aber um *konstruktive* Gelassenheit oder Gleichmut im Sinne von relativer Ausgeglichenheit und Zuversicht mitten in und trotz aller Krisen. Darum, wie wir diese Haltung einnehmen und ein entsprechendes Verhalten mehr und mehr leben und fördern können.

Konstruktive Gelassenheit ist kein Selbstläufer. Sie wird aber möglich, wenn wir sie zusammen mit drei weiteren Haltungen einüben: Wohlwollen oder Güte, Freude und Mitgefühl.

Traditionell spricht man von Liebe, Mitgefühl, Mitfreude und Gleichmut. Manchmal werden diese vier Haltungen – im indischen *pali brahmavihara*, wörtlich „Ort von Gott Brahma" – auch etwas romantisch als „himmlische Gefühle" übersetzt. Sie können durch Wertschätzung und Vertrautheit und vor allem durch regelmäßiges Üben zu einer großen Inspiration und Ressource im Umgang mit schwierigen, aber auch schönen Erfahrungen werden.

Konstruktive Gelassenheit wird möglich, wenn wir uns und die Welt einigermaßen *realistisch* einschätzen können. Dazu gehört aus buddhistischer Sicht und auch nach meiner Erfahrung die Wahrnehmung und Akzeptanz von Leiden. Der Buddhismus unterscheidet natürliches und zusätzliches Leiden. Natürliches Leiden gehört zum Leben, weil keine Erfahrung oder Einsicht dauert, sondern sich immer wieder verändert. Das hängt damit zusammen, dass nicht nur das moderne und postmoderne Leben, sondern Leben überhaupt so komplex ist, dass niemand es völlig in den Griff bekommt.

Wir können aber lernen, klug und konstruktiv, mitfühlend und geduldig damit umzugehen und das Beste aus allen Herausforderungen und Schwierigkeiten zu machen. Das reduziert das zusätzliche Leiden, das wir durch Jammern und Klagen, Vorwürfe und Abwehr, Träume von einer heilen Welt usw. erzeugen. Eine gute Portion Humor und Vertrauen ins Große Ganze helfen dabei sehr. Über all diese Themen möchte ich in diesem Buch sprechen und dazu passende Übungen vorschlagen.

Zur Einstimmung umreiße ich im ersten Kapitel einige Bedeutungen des Schlüsselwortes „lassen" und seiner vielen sprachlichen und auch inhaltlichen Geschwister: zulassen und sich einlassen, weglassen und loslassen, verlassen usw. Sie wirken mit, wenn wir Gelassenheit entdecken und schätzen lernen. Dann stelle ich Ihnen kurz den mutigen Mönchsgelehrten und Mystiker Meister Eckhart vor, der uns das neue Wort von der „Gelassenheit" im 13. Jahrhundert geschenkt hat.

Im zweiten Kapitel geht es um die Vier Heilsamen oder Heilenden Haltungen im Detail. Jede dieser vier Haltungen kann ihre volle Wirkung erst dann entfalten, wenn die anderen drei jeweils im Hintergrund mitschwingen. Neben Mitgefühl für unsere eigenen Schwierigkeiten und denen anderer brauchen wir für Gelassenheit oder Gleichmut daher viel Freundlichkeit oder Wohlwollen und vor allem Freude. Wir entdecken und erleben sie, wenn wir die zahlreichen guten Erfahrungen in unserem Leben und die Bedingungen dafür wahrnehmen und schätzen und dankbar dafür sind.

Gelassenheit und ihre drei Geschwister sind auch deshalb so kostbar und wirken heilend, weil sie kein Gegenteil haben. Allerdings gibt es sogenannte nahe und ferne Feinde, mit denen wir sie leicht verwechseln. Der *nahe* Feind von Gleichmut ist die Gleichgültigkeit, mit der wir uns vor unangenehmen Gefühlen und Erfahrungen schützen und durch die wir uns abschotten wollen. Sie schlägt schnell in ihr Gegenteil um, in Unruhe und Aufregung, und das gilt als *ferner* Feind der Gelassenheit. Gelassenheit und echter Gleichmut entstehen also nur dann, wenn drei weitere Haltungen im Hintergrund mitwirken: Freundlichkeit, Mitgefühl und Freude.

Im dritten Kapitel spreche ich über drei Dimensionen von Vertrauen, denn diese Dimensionen sind die Grundlage einer heiteren und kraftvollen Gelassenheit, zu der ich Sie in diesem Buch inspirieren möchte. Wir brauchen Vertrauen zu anderen Menschen, zu uns selbst und ins Große Ganze. Darin sehe ich eine Parallele zur untrennbaren Verbindung von christlicher Nächstenliebe und Gottvertrauen.

Im vierten Kapitel beschreibe ich weitere unterstützende Faktoren für die Entwicklung robuster Gelassenheit. Dazu gehören eine erfahrungsgesättigte Kenntnis einiger Gesetze des Lebens und ein paar sehr hilfreiche Fähigkeiten wie Achtsamkeit und Geduld, Ausdauer und Humor und eine spielerische Haltung beim Ausprobieren und Einüben neuer Perspektiven und Verhaltensweisen.

Leben ist und bleibt auch in relativ wohlhabenden Gesellschaften eine Herausforderung, denn Krankheiten und Verluste gehören zum Leben, weil Erfahrungen und Bedingungen unbeständig sind und sich immer wieder verändern. Zudem ist unser Leben so komplex, dass es uns nie gelingen wird, es wirklich zu kontrollieren und zu lenken. Der Begriff „Achtsamkeit" gehört inzwischen zu unserem alltäglichen Wortschatz, und wir brauchen sie auch jeden Tag, um zu bemerken, was gerade geschieht, und herauszufinden, wie wir das Beste aus einer Situation machen können.

Durch kurze Momente des Innehaltens und vor allem durch eine regelmäßige Praxis der Achtsamkeit können wir eine überraschende Entdeckung machen: Wir bemerken ab und zu, dass Gedanken und heftige Emotionen von allein kommen, aber auch von allein wieder gehen, wenn wir sie nicht festhalten. Wie wir dieses unbewusste und zwanghafte Festhalten bemerken und ab und zu loslassen können, beschreibe ich vor allem in den Kapiteln vier, fünf und sechs.

Geduld und Ausdauer gehören nach unserem allgemeinen Verständnis ebenfalls zu Gelassenheit. Humor ist jedoch auch sehr hilfreich, denn das meint die wunderbare Fähigkeit, sich und die Welt aus einer freundlichen und wohlwollenden Distanz zu betrachten. Und wenn wir Überlegungen und Übungen, die uns inspirieren, spielerisch ausprobieren, finden wir leichter heraus, was zu uns passt und zum Leben hilft.

Im fünften und sechsten Kapitel weise ich auf einige typische Fallen und Missverständnisse hin – persönliche und psychologische, aber auch soziale und politische, die mit unserem Zeitgeist zu tun haben und die bei jeder Art regelmäßiger Übung auftauchen können: Perfektionismus, überzogene Ansprüche und Erwartungen, Einsamkeit und Grübeln. Weniger stabile Beziehungsnetze, ein Übermaß an Informationen und Zerstreuungen und Konsum fördern jedoch ebenfalls Gefühle von Überforderung und Ohnmacht. Dann suchen wir Schuldige und konstruieren Feindbilder. All das kann die Entwicklung von Gelassenheit behindern oder ganz blockieren.

Das siebte und letzte Kapitel richtet sich an Personen, die bereits mit buddhistischen Lehren und Übungen vertraut sind. Es enthält weitere Überlegungen, die das Einüben von Gelassenheit und Gleichmut unterstützen können. Falls Ihnen das zu viel Information und zu komplex ist, ignorieren Sie diesen Abschnitt und gehen Sie weiter zu Teil zwei.

Gelassenheit ist eine komplexe und anspruchsvolle Haltung, daher lässt sie sich nicht in zwei Wochen oder Monaten mit ein paar netten kleinen Übungen erlernen. Es liegt mir deshalb sehr am Herzen, unterschiedliche Zugänge für unterschiedliche Menschen vorzustellen. Lesen Sie einige Abschnitte und schauen Sie, welche zu Ihnen passen und probieren Sie diese Übungen aus.

Manche fühlen sich vielleicht überwältigt oder abgeschreckt von den vielen Zugängen, Listen und Fachbegriffen aus dem Buddhismus. Die Erfahrung lehrt uns aber, dass gute Absichten, ein paar kleine Übungen und das Spüren und Ausdrücken authentischer Gefühle nicht ausreichen, um das Beste aus unserem Leben zu machen, für uns und alle Beteiligten. Es braucht auch gute Theorien als grobe Orientierung und dazu passende Übungen, die uns helfen, eigene Muster und Vorurteile, Vorlieben und kulturelle Prägungen zu bemerken und zu ändern.

Im zweiten Teil des Buches finden Sie allgemeine Hinweise zum regelmäßigen Üben und alle Reflexionen, die ich am Ende jedes Kapitels nenne, in alphabetischer Reihenfolge. Diese thematischen Übungen wollen und sollen Ihnen helfen, die vorgestellten Überlegungen anhand Ihrer Lebenserfahrungen zu überprüfen.

Sie können eine der Reflexionen, die Sie anspricht, eine Woche lang vier, fünf Mal morgens oder abends ausprobieren. Reservieren Sie sich dafür zehn, zwanzig Minuten Zeit, lesen Sie die Übung jedes Mal kurz durch, lassen Sie die Fragen und Vorschläge auf sich wirken und schauen Sie, was sie auslösen. Machen Sie sich bei Bedarf ein paar Notizen in ein spezielles Meditationstagebuch. So werden diese Übungen Teil Ihres Alltags.

Ich praktiziere diese Art thematischer Übungen seit Sommer 1977, also seit beinahe fünfzig Jahren, und sie unterstützen mich dabei, möglichst konstruktiv und mitfühlend, klug und kreativ mit den Herausforderungen meines Lebens umzugehen. Bestimmte Hinweise und Ansätze wiederhole ich immer und immer wieder, denn Wiederholung ist der Schlüssel zu einem neuen Leben, zu einem heilsamen und heilenden Verhalten in Bezug auf Körper, Rede und Geist, oder, in christlichen Begriffen, in Gedanken, Worten und Werken.

Kluge Ideen und gute Vorsätze sind wichtig, aber sie reichen nicht aus, wenn wir Gelassenheit und Gleichmut oder eine andere neue hilfreiche Haltung entwickeln wollen. Es braucht dazu die regelmäßige Übung und immer wieder die Begegnung mit Menschen, die diesen Weg mit uns gehen und mit denen wir uns darüber austauschen. Sehr hilfreich ist auch eine gute Begleitung durch erfahrene Lehrerinnen und Mentoren.

Ich weise immer wieder auf Autorinnen und gute Bücher hin, die mich bei der kulturellen Übersetzung buddhistischer Lehren und Übungen inspiriert haben und weiter inspirieren, und auch auf eigene Bücher, die bestimmte Themen und Übungen genauer beleuchten.

Fachbegriffe nenne ich, wenn nicht anders vermerkt, im indischen Pali oder Sanskrit. Da eine mechanische Gendersprache aus meiner Sicht nicht das Nachdenken über unterschiedliche Identitäten und deren Wertschätzung fördert, wechsle ich, manchmal auch provokativ, zwischen unterschiedlichen Formen.

Ich danke Dr. Christiane Neuen für die Einladung zu diesem Buch und meiner Lektorin Marlene Fritsch für das sorgfältige Lektorat und kluge Fragen und Vorschläge. Und allen Menschen, die meine Kurse besuchen und mich mit ihren Fragen und Rückmeldungen in meiner freien Interpretation des Buddhismus für heute inspirieren.

Schwarzwald, 1. Advent, 1. Dezember 2024
Sylvia Wetzel

Teil Eins

Gelassenheit und Gleichmut

1 Die Vielfalt von Lassen

Loslassen, weglassen, verlassen, zulassen

Die zentrale Bedeutung des Grundwortes *lassen* ist der implizite Hinweis darauf, dass etwas *geschieht*, was nicht völlig in unserer Macht liegt: loslassen, weglassen, verlassen, zulassen usw.

Wir lassen etwas *los*: Vorstellungen und Erwartungen, Dinge und Beziehungen und vieles mehr. Wir lassen dadurch manchmal etwas *weg*, was bislang zu unserem Leben gehörte. Aber auch das geschieht nicht einfach nur, weil wir es wollen. Es geschieht, wenn wir selbst oder die Lebenssituation reif dafür sind. Manchmal *verlassen* wir einen Ort, eine Person oder einen Arbeitsplatz, weil wir nicht länger dableiben wollen und können, weil uns die Situation überfordert und unsere Entwicklung blockiert. Das ist nicht leicht, aber auch das gehört zum Leben, und die bewusste Entscheidung ist meist nur der Endpunkt eines komplexen Prozesses, dessen Elemente wir nicht alle sehen und verstehen.

Wenn wir einigermaßen offen und entspannt sind, lassen wir manchmal eine Erfahrung *zu*, mit der wir nicht gerechnet haben – die zufällige

Begegnung mit einer Freundin, einen Einfall, der uns hilft, einen Konflikt besser zu verstehen, oder ein Gefühl von Dankbarkeit für den freundlichen Blick der Verkäuferin, die uns einen guten Tag wünscht. Wir staunen vielleicht darüber und freuen uns. Manchmal erschrecken wir auch, wenn eine Erfahrung unseren Wünschen und Erwartungen widerspricht, bemerken dadurch aber vielleicht zum ersten Mal, was wir eigentlich *erwartet* haben, von uns selbst und von einer Person oder Situation.

Je mehr uns solche vielleicht manchmal erhofften, aber auch unerwarteten angenehmen und unangenehmen Erfahrungen bewusstwerden und wir sie annehmen können, desto eher lernen wir, offener und gelassener mit neuen und schwierigen Situationen umzugehen. Dazu will Sie dieses Buch ermutigen, und es möchte Sie auf diesem nicht immer leichten Weg unterstützen.

Meister Eckhart

Den Begriff „Gelassenheit" hat uns der deutsche Mystiker Meister Eckhart geschenkt (ca. 1260–1327). Der Dominikanermönch war ein sehr charismatischer, hochgebildeter und Neuem gegenüber sehr aufgeschlossener Mann. Er lehrte als Professor an zwei der gerade erst entstandenen Universitäten von Köln und Paris, riskierte radikale und komplexe Bibelinterpretationen und debattierte sie mit seinen Studenten in langen und gründlichen Gesprächen.

Er liebte Herausforderungen und war einer der Ersten, der Predigten auf Deutsch hielt. So gelang es ihm, auch einfache Menschen in den neu entstandenen Städten zu erreichen. Er brachte sie auf den Weg der Selbstverantwortung und des tiefen Vertrauens in das „Seelenfünklein", wie er es nannte, und meinte damit die Erfahrung, den unfassbaren Schöpfergott im eigenen Herzen zu spüren und zu finden.

Zudem unterrichtete er viele Nonnen in den in dieser Zeit entstehenden Frauenklöstern, sowie einige Beginen: einzelne Frauen oder Frauengemeinschaften in den Städten, die wirtschaftlich selbstständig lebten und in diesen nicht klösterlichen Gemeinschaften ihren eigenen spirituellen Weg gingen.

Spannenderweise entdeckte ich das kleine Reclam-Büchlein „Vom Wunder der Seele" im Oktober 1977 in einem Antiquariat in Kathmandu in Nepal, und das einige Tage, bevor ich meinen ersten vierwöchigen buddhistischen Meditationskurs, den legendären *Novemberkurs*, bei Lama Thubten Yeshe und Lama Zopa im Kloster Kopan in der Nähe der großen Stupa von Boudhanath besuchte.

Nach den ziemlich komplexen, auf Englisch gehaltenen buddhistischen Vorträgen und Übungsanleitungen tagsüber las ich abends gerne eine der tiefen und anregenden Predigten von Meister Eckhart auf Deutsch. Ich war begeistert und inspiriert von den vielen Parallelen christlicher Mystik und tibetisch-buddhistischer Lehren. Zur Entdeckung von Gelassenheit gehört für Meister Eckhart die Erfahrung von Phasen der Abgeschiedenheit. Eckhart lobt sie mehr als die Demut, denn: „die Abgeschiedenheit zwingt mich dazu, dass ich für nichts anderes empfänglich bin als für Gott ... (Sie ist) ... nichts anderes, als dass der Geist in allen Zufällen der Liebe und des Leids, der Ehre und der Schande so unbeweglich steht wie ein breiter Berg gegen einen großen Wind" (zitiert nach Haas/Binotto, S. 23f.).

Abgeschiedenheit und Loslassen

Abgeschiedenheit klingt für unsere Ohren heute einerseits etwas antiquiert, andererseits nach Einsiedlertum und Abwendung von der Welt. Wir dürfen Gelassenheit und Abgeschiedenheit jedoch nicht mit Gleichgültigkeit, Weltflucht und gefühlloser Distanz der Welt und den Menschen gegenüber verwechseln. Es geht vielmehr um Momente, in denen wir das Loslassens von allem Haben- und Nichthaben-Wollen erfahren. Erst dadurch entsteht eine Offenheit für den „göttlichen Seelenfunken" im Herzen, der uns bei allem Tun mit Freude und Leichtigkeit leiten soll. Wie schon erwähnt, berührten mich die Parallelen und Entsprechungen zu vielen buddhistischen Lehren von Anfang an sehr tief.

Der Buddhismus sieht die Quelle von Energie in der Freude am heilsamen Tun und das passt gut zu dieser Aussage von Meister Eckhart: „… auf drei Punkte sollten wir bei unserem Tun achten: dass man ordentlich, vernünftig und bewusst arbeite, das Nächstliegende tue … (und) zur Zeit kein besseres Ding als eben dieses eine tun kann. Und bewusstes Wirken nenne ich das, wo man lebendige Wahrheit mit fröhlicher Gegenwärtigkeit in guten Werken verbindet" (zitiert nach Haas/Binotto, S. 33).

Übungen
Gleichmut und Gelassenheit (S. 105)
Loslassen und Weglassen (S. 105)
Zulassen und Staunen (S. 105)

2 Vier Heilende Haltungen

Nach dieser kurzen Einstimmung möchte ich in diesem zweiten Kapitel als Voraussetzung und Grundlage aller unterschiedlichen Übungen zum Thema Gelassenheit und Gleichmut aus buddhistischer Sicht vier heilende oder unermessliche Haltungen vorstellen, die sowohl in guten wie schwierigen Zeiten weiterhelfen.

Die übliche Reihenfolge der Begriffe in der Tradition lautet: Liebe, Mitgefühl, Freude und Gleichmut, Pali *metta, karuna, mudita, uppekha.* Ich erkläre und übersetze sie meist so: 1. Freundlichkeit, Wohlwollen bzw. Güte. 2. Mitgefühl. 3. Freude, Mitfreude und Dankbarkeit. 4. Gleichmut oder Gelassenheit. Mitgefühl und Gleichmut helfen uns dabei, nicht abzuheben, wenn die Dinge gut laufen, und Freundlichkeit und Gleichmut stärken uns, wenn es schwierig wird.

Die übliche Übersetzung des Pali-Begriffs *metta* mit „Liebe" finde ich nicht passend, da dieser Begriff im Deutschen eher auf sehr enge Beziehungen zwischen zwei Menschen oder zu Kindern oder Eltern und vielleicht nahen Freundinnen hinweist. Wir können nicht alle Menschen in diesem Sinne lieben, aber eine wohlwollende, freundliche Haltung als Grundeinstellung können wir einüben. Auch den Begriff „liebende Güte" finde ich nicht angemessen, denn nur Menschen können lieben, Eigenschaften wie Güte aber nicht.

Diese vier heilsamen Haltungen bedingen sich gegenseitig. Sie entstehen sozusagen im Viererpack, das heißt nur dann, wenn die anderen drei jeweils im Hintergrund mitschwingen. Es gibt aus buddhistischer Sicht keine Gelassenheit und keinen Gleichmut ohne die Unterstützung von Freundlichkeit, Freude und Mitgefühl. Als Fachbegriff schreibe ich die Vier Heilsamen Haltungen groß. Als Haltungen, die wir einüben wollen, schreibe ich sie wie üblich.

Liebe, Freundlichkeit und Wohlwollen

Üben wir bewusst und gezielt Zuneigung oder Wohlwollen *ohne* Unterstützung durch Freude, Mitgefühl und Gleichmut, entsteht eher *Anhaftung*, und dann halten wir an Menschen, Dingen und Umständen fest, die uns angenehme Gefühle zu versprechen scheinen. Verhalten sich Menschen anders, als wir es erwarten, sind wir enttäuscht und reagieren mit Abwehr und Ärger, Schuldzuweisungen, Ohnmacht und Angst usw. Und das weckt nur noch mehr Ohnmacht und Angst, Ärger und vielleicht sogar unversöhnlichen Hass.

Warum geschieht das? Weil wir häufig Liebe oder Freundlichkeit mit ihrem nahen Feind, der Anhaftung und dem Festhalten verwechseln. Bei Enttäuschung werden wir wütend und wehren ab. Abwehr und Wut gelten als ferner Feind von Wohlwollen und Freundlichkeit. Kennen wir den Unterschied, können wir Freundlichkeit üben und halten wir weniger fest.

Die Tradition nennt vier entscheidende Unterschiede zwischen Freundlichkeit/Liebe und Festhalten/Anhaften. Und hier verwende ich der Klarheit halber die traditionelle Übersetzung des Begriffs mit „Liebe": Liebe entsteht aus Fülle, Anhaften aus Mangel. Liebe sieht die andere Person realistisch, mit ihren Stärken und Schwächen. Anhaften trägt eine rosarote Brille und idealisiert. Liebe nimmt mit der Zeit zu, Anhaften schwankt zwischen Abnehmen und Zunehmen. Liebe tut gut, Anhaften tut weh.

Meine These ist: Nicht Liebe und Hass sind der Stoff für unsere persönlichen Dramen und die großen Tragödien des Lebens, für politischen Streit und Kriege, sondern *Anhaften* und Festhalten am eigenen Standpunkt, an Meinungen, Erwartungen und Erfahrungen, an ungültigen Konzepten und Vorstellungen, an Status und Besitz und angenehmen Umständen. Und das führt zu frustrierter oder wütender Abwehr gegen „die anderen", wenn wir nicht bekommen, was wir wollen, oder verlieren, was doch „uns gehört" oder zusteht.

Da wir vieles nicht genau wissen, machen wir uns Vorstellungen davon. Das ist nützlich und oft hilfreich. Aber Vorstellungen oder Konzepte über uns selbst und andere sind aus buddhistischer Sicht nur dann „gültig", wenn sie zwei Bedingungen erfüllen: Wir wissen, dass das eine Vorstellung ist, und sie haben eine hilfreiche Funktion. Es gibt auch Vorstellungen, die uns nicht bewusst sind. Durch eine Enttäuschung kann eine ungültige Vorstellung oder eine Täuschung deutlich werden. Wenn wir sie loslassen, wird unser Blick realistischer. Das ist nicht einfach, aber möglich.

Eine *freundliche* Haltung wirkt sich für alle Beteiligten dann heilsam aus, wenn sie unterstützt wird von Freude, Mitgefühl und Gleichmut. Freude ist ein Ausdruck für das Wahrnehmen der leicht zu übersehenden guten Bedingungen, die es gibt, und von all dem, was gut funktioniert. Mitgefühl für unsere eigenen Schwierigkeiten und Schwächen und die der anderen schenkt uns Geduld und stabilisiert eine freundliche Haltung. Und ein bisschen Gleichmut und Gelassenheit reduzieren den Anspruch auf perfektes Verhalten von uns und anderen, denn sie entstehen aus Einsicht in die Tatsache, dass das Leben komplex bleibt und wir – und die anderen – nicht alles in den Griff bekommen können.

Wohlwollen entsteht auch dadurch immer leichter und wird stabiler, wenn wir die essenzielle Verbundenheit mit allen Menschen und Lebewesen, mit Natur und der ganzen Welt und mit dem unfassbar großen Ganzen jenseits von Worten und Begriffen entdecken. Darauf gehe ich im dritten und sechsten Kapitel noch genauer ein.

Wenn wir uns trotz aller guten Absichten und einer stabilen freundlichen Grundhaltung durch Menschen und Umstände überfordert fühlen, bleibt uns immer noch Höflichkeit als pragmatisches Mittel. Denn Höflichkeit ist sehr viel mehr als spießige Anpassung und bloße Konvention. Sie ist ein wunderbares Werkzeug in allen kleinen und großen Auseinandersetzungen und kann im Kontext von Politik und Diplomatie sogar Kriege verhindern.

Übungen:
Vier Unterschiede zwischen Liebe und Anhaften (S. 106)
Täuschungen und Enttäuschungen (S. 106)

Mitgefühl

Der Begriff Mitgefühl ist relativ modern. Vor hundert Jahren sprach man meist von *Mitleid*. Der Buddhismus – und inzwischen auch die deutsche Sprache, die beide Wörter nicht mehr als Synonyme verwendet – sieht aber hinter diesen beiden Begriffen unterschiedliche Haltungen und unterscheidet daher deutlich zwischen Mitgefühl und Mitleid, englisch *compassion* und *pity*. Der Fachbegriff für Mitgefühl im indischen Sanskrit und Pali ist *karuna*, und das lateinische *caritas* stammt aus derselben indoeuropäischen Sprachwurzel.

Wir verwechseln nur dann Mitgefühl nicht mit seinem nahen Feind Mitleid, wenn vier Bedingungen zusammenkommen. Die ersten beiden dieser Bedingungen habe ich hinzugefügt, sie stammen aus der modernen Psychologie. Die nächsten beiden sind traditionelle buddhistische Empfehlungen. Zu Mitgefühl gehören aus meiner Sicht daher folgende Fähigkeiten und Schritte:

1. Einfühlung: Wir versuchen so gut wie möglich, uns in das Leid und die Probleme von uns selbst und anderen einzufühlen, beides selbst zu spüren. Neudeutsch nennt man das Empathie. 2. Unterscheiden: Wir unterscheiden zwischen unserem und dem Leiden anderer.

3. Wunsch: Wir wünschen uns von Herzen, dass wir und die anderen immer weniger leiden und möglichst ganz frei werden davon. 4. Zuversicht: Wir nehmen wahr und schätzen, was funktioniert, und sehen auch die Chancen und Möglichkeiten, die es in einer Situation gibt.

Manchmal können wir uns zwar in das Leid der anderen einfühlen und wünschen ihnen Befreiung davon, identifizieren uns aber zu sehr mit ihrem Schmerz und fühlen uns davon überwältigt. Dann übersehen wir Möglichkeiten und Chancen und fühlen uns ohnmächtig. Wir blockieren und regredieren in Überheblichkeit: „Du bist selbst schuld" oder sogar in Grausamkeit: „Dann musst du eben so lange leiden, bis du es kapierst".

Grausamkeit gilt als der ferne Feind des Mitgefühls. Das wird besonders deutlich bei Menschen, die andere herabwürdigen oder gar foltern. Sie können sich einerseits sehr gut einfühlen in die Leidensfähigkeit ihrer Opfer und stecken gleichzeitig voller Wut und sogar Hass. Meist bemerken sie gar nicht, dass sie sich selbst dadurch sehr viel Leid zufügen.

Mitgefühl fällt uns leichter, wenn wir begreifen, dass bestimmte Arten von natürlichem Leiden zum Leben dazugehören. Der Buddhismus spricht von acht Arten des natürlichen Leidens: Geburt, Altern, Krankheit, Sterben und Tod; verlieren, was man liebt; nicht bekommen, was man will; erleben, was man nicht will, und nie sicher sein vor Leiden, auch wenn gerade alles gut läuft. Sie gehören zum Leben, weil alle Bedingungen und Umstände, Erfahrungen und Phänomene unbeständig sind und das Leben so komplex ist, dass es niemand völlig in den Griff bekommen kann, auch wenn viele das glauben. Das hat viel mit unserem Zeitgeist zu tun, der uns vorspiegelt, es liege alles in der Verantwortung der Einzelnen. Sie müssten sich und ihr Leben bloß ständig optimieren und könnten mit immer effizienteren Techniken und, so die Hoffnung einiger, mit sogenannter Künstlicher Intelligenz alles verstehen und kontrollieren.

Solange wir die Gesetze des Lebens nicht anerkennen und akzeptieren – der Buddhismus nennt sie die *Drei Daseinsmerkmale*: natürliches Leiden, Unbeständigkeit und Unkontrollierbarkeit –, neigen wir bei Enttäuschungen und sozialer Ungerechtigkeit schnell dazu, anderen die Schuld zuzuschreiben. Aber dann fühlen wir uns leider noch ohnmächtiger.

Je mehr wir begreifen, dass Schuldzuweisungen anderen Menschen und dem Staat, „dem System" und dem Umfeld zu viel Macht zuschreiben, können wir gelassener mit dem Auf und Ab umgehen. Wir schauen dann in aller Ruhe, wie wir das Beste aus der jeweiligen Situation machen können, je nachdem, was uns allein oder mit anderen zusammen möglich ist.

Buddha fasste das in vier Aussagen zusammen, die als die *Vier Siegel* seiner Lehre gelten: 1. Das *Annehmen* von Leiden, 2. das Annehmen von Unbeständigkeit und 3. das Annehmen von Unkontrollierbarkeit führen 4. zum Ende des Haderns und damit zu innerem Frieden. Diese Erfahrung fördert alle vier heilsamen Haltungen. In einem Satz: Nur das Ende des Haderns bringt Frieden. Dazu gibt es ein schönes Lied, das ich Ihnen später vorstelle.

Übungen:
Vier Schritte (S. 107)
Schuldzuweisungen und Feindbilder (S. 107)
Probleme, die ich nicht habe (S. 108)
Die Drei Daseinsmerkmale (S. 110)

Freude, Mitfreude, Dankbarkeit

Gute Bedingungen nicht für
selbstverständlich halten.
Auf Probleme achten, die wir nicht haben.
Drei Arten der Freude unterscheiden.

Freundlichkeit bzw. Wohlwollen, Mitgefühl und Freude sind Schlüssel zu heiterer Gelassenheit mitten im Auf und Ab des Lebens. Wie entsteht Freude? Wir können immer wieder bewusst und gezielt auf die *guten* Bedingungen achten, unter denen wir und auch viele andere leben, denn das weckt und fördert Freude und Dankbarkeit für die vielfältigen Bedingungen und Menschen, die dazu beitragen. Diese konkrete und lebendige Freude inspiriert und steckt an, wenn sie getragen wird von Wohlwollen für alle Beteiligten und von Mitgefühl und Gleichmut bei Schwierigkeiten, die immer und überall auftreten können.

Aber da es auch schwierige Bedingungen und großes Leid auf der Welt gibt, braucht es zudem Mitgefühl und Gleichmut oder konstruktive Gelassenheit aus tiefer Einsicht in die Drei Daseinsmerkmale. Ohne ihre drei Geschwister Freundlichkeit, Mitgefühl und Gleichmut entsteht bei angenehmen Sinnesreizen und schönen Erfahrungen – ein exquisiter Nachtisch, eine neue Meditationsübung, ein malerischer Urlaubsort usw. – eher eine Art *aufgeregte* Begeisterung. Wir wollen an der besonderen Erfahrung festhalten oder wollen mehr davon erleben, aber leider ist sie genauso unbeständig und flüchtig wie alle übrigen Erfahrungen. Auch aus diesem Grund machen schöne Erfahrungen nicht auf Dauer glücklich und zufrieden.

In eine Falle geraten fast alle Menschen in

mehr oder weniger wohlhabenden Gesellschaften, denen es relativ gut geht: Sie halten das, was funktioniert, schnell für *selbstverständlich* und schließen damit die Tür zu den alltäglichen Erfahrungen von Freude, Dankbarkeit und Zufriedenheit und auch zu Mitfreude an den schönen Erfahrungen anderer. Wir können dieser Neigung entgegenwirken durch die gezielte Aufmerksamkeit für und die *Erinnerung* an schöne Erfahrungen.

Eine besonders einfache und *jederzeit* zugängliche Art der Freude entsteht, wenn wir ab und zu auf Probleme achten, die wir bei Menschen in unserem nahen Umfeld sehen – und die wir *nicht* haben. Das ist keine Aufforderung zu Schadenfreude oder Überheblichkeit. Dieser Blick kann jedoch unsere Aufmerksamkeit für die großen und kleinen Freuden des Lebens schärfen, die uns entgehen, wenn wir nur auf das schauen, was fehlt.

Only nonduality is bliss.
Nur Nichtdualität ist Seligkeit.

Lama Thubten Yeshe

Der Buddhismus unterscheidet drei Arten von Freude: das Nachlassen von Schmerz, angenehme Gefühle und die Erfahrung von Nicht-Getrenntheit. Viele Alltagsfreuden – essen und trinken, Gespräche und Naturerfahrungen usw. – sind bei genauerer Betrachtung oft nur ein Nachlassen eines Zustandes von Unzufriedenheit. Wenn wir schnell etwas essen oder trinken, ist das zwar angenehm, aber genau genommen lassen nur der Hunger oder Durst, die Langeweile oder Unruhe für einen Moment nach.

Wenn wir ein Essen mit Dankbarkeit und Wertschätzung für die Menschen, die daran beteiligt waren und sind, genießen, entsteht zusätzlich zu der angenehmen Sinneserfahrung eine tiefere Art der Freude: Dankbarkeit und Verbundenheit. Manchmal geschieht sogar noch mehr. Wir erleben in einem Gespräch oder draußen in der Natur, beim Singen oder Musizieren, beim Anhören von Musik oder beim Lesen plötzlich ein Gefühl von Zugehörigkeit und tiefer Verbundenheit mit dem, was uns erfreut. Das ist ein Hinweis auf eine Freude, die man mit Worten kaum beschreiben kann.

Der Buddhismus spricht bei tiefen Erfahrungen dieser Art von Momenten der Nicht-Getrenntheit oder Nicht-Dualität oder Nicht-Zweiheit. Vielleicht gelingt das am ehesten noch mit einem Lied oder einem Gedicht oder in dem tiefen Satz „Ja – Danke", in der Langfassung „Ja zum Leben, Danke fürs Leben". Ich selbst habe damit lange und gute Erfahrungen gemacht, denn die innerliche Rezitation von „Ja – Danke" begleitet mich schon seit 1993, als ich in Frankfurt einen auf Englisch gehaltenen Vortrag des vietnamesischen Meisters Thich Nhat Hanh übersetzte. Er schlug damals „Ja – Danke" im Rhythmus der Schritte als Unterstützung einer Gehmeditation für Kinder vor. Seither begleitet mich dieses so lebensbejahende Mantra bei der Atemmeditation und beim absichtslosen Spazierengehen oder sogar beim Einschlafen am Abend. Immer dann, wenn ich gerade nichts planen oder erledigen will oder muss.

Wir sind alle essenziell verbunden.
PAUL TILLICH

Der von mir sehr geschätzte evangelische Theologe und Philosoph Paul Tillich – der väterliche Freund von Hannah Arendt – unterscheidet existenzielle *Getrenntheit* und essenzielle *Verbundenheit*. Wir sind und bleiben existenziell getrennt von anderen. Wir sind keine siamesischen Zwillinge, sondern können uns als Individuen für bestimmte Wege und Werte immer wieder neu entscheiden. Aber wir sind in unserem tiefsten Wesen oder anders gesagt *essenziell* verbunden, weil wir zusammen mit anderen Menschen, Tieren und der ganzen Natur in einer Welt leben und sie mit ihnen teilen.

35

Es gibt viele religiöse und philosophische, kosmische und politische Bilder, Symbole und gute Argumente für diese Art der essenziellen Verbundenheit: Wir sind alle Kinder Gottes. Alle Wesen haben Buddha-Natur und können erwachen. Wir sind Kinder von Mutter Erde. Wir Menschen sind Vernunftwesen mit Menschenwürde und haben daher auch die Pflicht, uns gegenseitig zu achten und unsere Umwelt zu schätzen und sorgsam mit ihr umzugehen.

Diese Verbundenheit spielt daher auch eine Rolle in Bezug auf die Freude. Denn ein Gradmesser für unsere Fähigkeit zur Freude ist die Fähigkeit, sich über die guten Erfahrungen unserer Mitmenschen und die guten Bedingungen, unter denen sie leben, zu freuen. Das wiederum hängt in hohem Maße mit unserem Selbstbild zusammen: Je mehr wir uns über unser eigenes Leben freuen können, desto eher freuen wir uns auch über das Glück von anderen.

Aus diesem Grund betont der Buddhismus neben der Freude an eigenen Erfahrungen zudem die sogenannte *Mitfreude* an guten Erfahrungen, die andere machen. Das schützt vor dem *fernen* Feind der Freude: Neid und Eifersucht, die leicht entstehen können, wenn es anderen gut geht.

Begeisterung und die
Acht weltlichen Anliegen

Der *nahe* Feind von Freude und Mitfreude ist die aufgeregte Begeisterung. Sie entsteht, wenn wir unzufrieden und ständig auf der Jagd nach neuen Erfahrungen sind und vor allem an äußeren Dingen hängen. Der Buddhismus spricht in diesem Zusammenhang von *acht weltlichen Anliegen*: Wir jagen nach 1. Status und 2. Besitz, auch von Wissen und Fähigkeiten, nach 3. Anerkennung und persönlicher Zuwendung und nach 4. angenehmen Gefühlen. Des Weiteren fürchten wir uns vor ihrem Verlust, und das ergibt zusammen acht weltliche Anliegen.

Wir müssen uns um diese Anliegen kümmern, wenn wir *überleben* wollen, aber das reicht nicht zu einem guten Leben. Denn die Dinge und Umstände, die wir besitzen und erlangen können, sind unbeständig und nie völlig zu kontrollieren. So bleiben wir in der Tiefe unsicher und unruhig. Auch das verhindert Gelassenheit im Alltag.

Die unruhige Jagd nach Sinneserfahrungen verführt uns immer wieder zu einer aufgeregten Begeisterung. Das ist der *nahe* Feind der Freude, mit der wir sie häufig verwechseln und der tiefe Freude verhindert oder blockiert.

Sind wir nicht dankbar für die guten Bedingungen in unserem Leben und fehlt uns die tiefe Freude über das, was da ist und funktioniert, neigen wir zu *Neid* und *Eifersucht*. Sie gelten als die *fernen* Feinde der Freude. Wir werden neidisch, wenn andere Menschen Zugang zu Dingen und Umständen haben und sie genießen, die wir nicht oder nicht im gleichen Maß haben. Wir werden eifersüchtig, wenn andere Menschen die Zuwendung und Aufmerksamkeit bekommen, die uns zuzustehen scheint.

Der französische katholische Religionsphilosoph René Girard spricht von mimetischem oder *nachahmendem* Begehren. Dieses Begehren und Haben-Wollen entsteht, weil wir nicht wissen, was uns wirklich wichtig ist.

Tiefe Freude entsteht durch Dankbarkeit und Wertschätzung für das, was da ist, und dadurch, dass wir immer besser spüren, was uns wirklich am Herzen liegt. Wir kümmern uns dann immer noch um unser Überleben, aber je mehr wir unsere Herzensanliegen spüren und im Alltag leben, desto weniger dringlich brauchen wir bestimmte äußere Dinge und kurzlebige Erfahrungen und desto mehr Freude erleben wir. Das wiederum fördert Gelassenheit, gerade dann, wenn nicht alles so läuft, wie wir es gerne hätten.

Übungen:
Probleme, die ich nicht habe (S. 108)
Dankbarkeit und Verbundenheit (S. 109)
Prioritäten finden und setzen (S. 109)

Gleichmut und Gelassenheit

Gleichmut ist für mich die buddhistische Entsprechung zur Gelassenheit. Für Meister Eckhart entsteht sie durch Gottvertrauen, das Vertrauen in den göttlichen Funken, das „Seelenfünklein", das in unserem Herzen glüht. Mahayana-Buddhisten könnten das problemlos akzeptieren, wenn sie die göttliche Weisheit oder den Heiligen Geist in uns und allen als die Buddha-Natur verstehen.

Der Begriff Buddha-Natur will darauf hinweisen, dass in allen Menschen, ja in allen Lebewesen ein Same der Weisheit lebt, der es ihnen ermöglicht, einen Weg zum Erwachen zu suchen und zu finden. Allerdings betont der Buddhismus, dass der Weg zum Erwachen nur als Mensch möglich ist und auch dann nur unter sehr günstigen Bedingungen und mit einer sehr großen Entschlossenheit, einen spirituellen Weg mit kompetenter Begleitung zu gehen.

Leben ist tragisch und erhaben.
Alles, was kommt, muss auch wieder geh'n.
Leben geschieht, niemand hat es im Griff.
Nur das Ende des Haderns bringt Frieden.

LIED ZU DEN VIER SIEGELN DES BUDDHA

MELODIE: WER KANN SEGELN OHNE WIND

Tiefer Gleichmut und heitere Gelassenheit werden möglich durch eine realistische Haltung dem Leben gegenüber. Der Buddhismus spricht von immer mehr *Einsicht* in die Gesetze des Lebens, gemeint sind damit die Drei Daseinsmerkmale: Leiden *(dukkha)*, Unbeständigkeit (*anicca*) und Unkontrollierbarkeit (Pali *anatta*, Sanskrit *anatman*, wörtlich Nicht-Ich). Ich erwähne sie immer und immer wieder, denn sie sind der Schlüssel zu einer realistischen Haltung dem Leben gegenüber. Mit Nicht-Ich ist nicht gemeint, dass es kein Ichgefühl gibt oder geben sollte, sondern dass es keine fassbare Instanz in uns oder im Außen gibt, die unser komplexes Leben besitzt und daher im Griff haben und kontrollieren könnte.

Auch aus dem Grund können wir immer nur unser Bestes versuchen und auch die Folgen unseres Handelns nur abschätzen, aber nie genau wissen und voraussagen. Das hören wir nicht sehr gern, denn von Technik begeisterte Macher-Menschen suchen lieber nach Methoden und Mitteln, die die gewünschten Ergebnisse – Erfolg und Anerkennung, Gelassenheit und Selbstwirksamkeit, Gerechtigkeit und Weltfrieden usw. – sehr effizient und in möglichst kurzer Zeit, und zwar ein für alle Mal bringen.

Immer mehr Einsicht in die Gesetze des Lebens, in das natürliche Leiden, in Unbeständigkeit und Unkontrollierbarkeit führt zu ihrer Akzeptanz und zum Ende des *Haderns* und damit zu innerem *Frieden*. Das nennt der Buddha die *Vier Siegel* seiner Lehre. Nur wer die Drei Daseinsmerkmale akzeptiert und – das ist der vierte Aspekt – nicht mit ihnen hadert, kann im Alltag das Beste daraus machen. Und nur dann ist man ein Schüler des Buddha, kann seinem Weg folgen und findet seinen Frieden im Auf und Ab des Lebens.

Wer die Drei Daseinsmerkmale ablehnt und mit ihnen hadert, bleibt unruhig und macht sich ständig Sorgen über das, was fehlt, und sucht nach Schuldigen im Außen für seine Unzufriedenheit. Gelassenheit bleibt dann ein romantischer und utopischer Wunschtraum.

Der Buddha betont: Wir müssen diese drei Tatsachen erkennen und akzeptieren und dann klug und konstruktiv damit umgehen lernen. Aus dem Grund lehrte er vor zweieinhalbtausend Jahren in Indien über vierzig Jahre lang viele unterschiedliche Zugänge und Übungen für viele sehr unterschiedliche Menschen aus allen gesellschaftlichen Schichten.

Ich fühle mich gesegnet und inspiriert von vielen wunderbaren zuversichtlichen tibetischen und westlichen Lehrern und Mentorinnen, die mir Zugang zu zahlreichen alltagsnahen und wirksamen Lehren und Übungen eröffneten. Sie helfen mir seit dem Sommer 1977, mit immer mehr freundlicher und mitfühlender Gelassenheit das Beste aus meinen Erfahrungen zu machen. Und im Auf und Ab des Lebens und mit vielen unterschiedlichen Menschen, Lebensumständen und Bedingungen meinen Seelenfrieden immer wieder zu suchen und zu finden.

Übungen:
Drei Daseinsmerkmale (S. 110)
Natürliches und zusätzliches Leiden (S. 110)
Machermentalität und Kontrollwahn (S. 111)
Nur das Ende des Haderns bringt Frieden (S. 111)

3 Vertrauen

Unverzichtbar für ein Leben mit Zuversicht und Gelassenheit ist Vertrauen auf vielen Ebenen. Die buddhistischen Lehren beschreiben in Anlehnung an die Zuflucht zu den *Drei Juwelen* Buddha, Dharma und Sangha (Buddha: Vorbild; Dharma: Lehren und Übungen; Sangha: Menschen, die uns lehren, leiten und begleiten) drei Dimensionen des Vertrauens: in andere, in uns selbst und in die unfassbare Tiefendimension des Lebens jenseits von Worten.

Wie entsteht tragendes und tiefes Vertrauen? Der buddhistische Ansatz beschreibt wichtige Prozesse, die zu einem spirituellen Weg gehören. Drei Arten des Lernens führen zu drei Arten des Vertrauens: *hören* bzw. lesen, *überprüfen*, ausprobieren und nachdenken und schließlich *meditieren*. Sie führen zu Vertrauen in andere, in uns selbst und ins Große Ganze.

Hören und Lesen, Nachdenken und Überprüfen

Wenn wir kompetenten, integren und lebenserfahrenen Menschen zuhören oder ihre Bücher lesen und uns das, was sie sagen, einleuchtet, entsteht zumindest ein bisschen Vertrauen in sie. Allerdings wirkt die unmittelbare – und heutzutage besonders wichtig zu betonen: die analoge – *Begegnung* mit Lehrerinnen und Mentoren sehr viel tiefer als das bloße Lesen von Büchern oder das Anhören von Podcasts, Audio- oder Video-Vorträgen.

Wenn wir das, was wir gehört und gelesen haben, innerlich bejahen und zu einem Teil unseres Lebens machen wollen, müssen wir es im Alltag überprüfen und die Hinweise und Verhaltensvorschläge ausprobieren. Nur so kann Selbstvertrauen oder Vertrauen in unsere Selbstwirksamkeit entstehen. Diesen Prozess kennen alle Menschen, die Wesentliches von anderen lernen und gelernt haben: in Schule, Beruf und Sport usw. Auch Lesen und Singen, Basteln und Reparieren, ein Handwerk betreiben, ein Instrument spielen oder Kochen lernen wir am besten von und mit anderen zusammen. Das funktioniert mit fassbarem Wissen und konkreten Abläufen meist sehr gut.

Was aber soll und kann Meditation bewirken? Es gibt kleine meditative Alltagsübungen – kurz innehalten, den Atem oder den ganzen Körper spüren usw. –, die wir ohne großes Hintergrundwissen durchführen können und die uns guttun. Meditation im Kontext von tiefer Einsicht oder tiefem Vertrauen bezieht sich auf etwas anderes. Es geht dabei vor allem um die große Frage, wie wir begriffliches Wissen und die praktische Kenntnis von Methoden so integrieren können, dass sie Teil unseres Lebens werden und uns auch dann stärken und tragen, wenn wir schwach und unsicher, krank oder erschöpft sind und uns inspirieren und beruhigen im Hinblick auf die großen existenziellen Fragen des Lebens.

Ich frage den Himmel, ich frage die Erde,
ich frage die Sonne und den Mond:
woher, wohin, warum, wozu?
Ihre Antwort war ihre Schönheit.

AUGUSTINUS

Die großen Fragen nach dem Woher und Wohin, dem Warum und Wozu bleiben seit Jahrtausenden dieselben, gerade weil es keine *beweisbaren* Antworten und auch keine *begrifflich fassbaren* eigenen Erfahrungen gibt. Augustinus findet *eine* Antwort im ehrfurchtsvollen Staunen und hat das im 3. Jahrhundert n. Chr. wunderschön auf *einen* möglichen Punkt gebracht: „Ihre Antwort war ihre Schönheit." So zitiert das Loren Marti in seinem wunderbaren Buch *Sternenstaub*. Das reicht auch mir, wenn ich im Frühling in der erwachenden Natur spazieren gehe, Bach oder Mozart höre, ein Rilke-Gedicht lese oder

45

mit anderen zusammen meditiere, singe und tanze.

Vier Schritte der Meditation

Bei wichtigen Anliegen und Lebensfragen empfiehlt der Buddhismus eine Meditation in vier Schritten: 1. Wir kennen das Thema gut genug. 2. Wir bewegen einen Schlüsselsatz immer wieder für ein paar Minuten im Herzen. 3. Wir erleben vielleicht das Geschenk einer direkten Einsicht, d. h. wir wissen für Momente: Das stimmt. Wir nennen das auch Aha-Erlebnis oder Evidenzerfahrung. 4. Wir stabilisieren diese Einsicht mit dem bisschen Sammlung, das uns möglich ist. Und das tun wir immer und immer wieder.

Ich stelle diese Art der Meditation hier ausführlich vor, denn das ist das Modell und der Hintergrund all meiner meditativen Reflexionen und Übungen mit Anleitung. Ich nehme sie auch in Teil zwei auf, in dem ich alle Übungen nach Kapiteln und alphabetisch geordnet vorstelle.

Übung: Der Tod ist sicher

Wir denken über Sterben und Tod nach, mithilfe folgender Aussagen: „Der Tod ist sicher. Sein Zeitpunkt ist ungewiss. Nichts hilft beim Sterben, außer Vertrauen und Zuversicht." Damit können wir auf folgende Weise systematisch meditieren:

1. Wir kennen das Thema: Wir kennen und erinnern diese Aussagen und bejahen sie innerlich.

2. Wir wählen einen der drei Sätze aus und wiederholen ihn einige Male, z. B. „Der Zeitpunkt ist ungewiss". Dann denken wir vier, fünf Minuten an Menschen, die wir kannten oder von denen wir gehört haben, die früh oder unerwartet gestorben sind. Wir wiederholen den Satz dann noch einige Male und überprüfen diese Aussage anhand unserer Lebenserfahrung, bis wir ihr intellektuell zustimmen können.

3. Wenn wir diesen innerlich bejahten Satz immer wieder einmal für ein, zwei Minuten oder länger im Herzen bewegen, kann es geschehen, dass uns plötzlich eine Art Schauer durch Mark und Bein geht und wir ganz tief wissen: „Ja, das stimmt wirklich." Die Tradition nennt das *direkte Einsicht* oder *Klarblick* (*vipassana*). Zunächst „freuen" wir uns ver-

mutlich einfach über diese Einsicht, auch wenn sie uns auf etwas Unangenehmes hinweist, denn sie besitzt eine große Überzeugungskraft oder Evidenz. Die Lebendigkeit der Einsicht währt aber nicht lange, denn Erfahrungen sind und bleiben unbeständig. Nach ein paar Minuten sind wir nicht mehr so berührt und beeindruckt. Das können wir leider nicht ändern. Das ist einfach so. Alle Erfahrungen vergehen, und wir können sie nicht gezielt herstellen oder erzwingen.

4. Sammlung: Wir können aber immer wieder an diese Einsicht denken, und mit der wenigen Sammlung und Konzentration, die wir haben, stabilisieren wir sie. Immer und immer wieder.

Diese Art tiefer Einsicht verändert unser Leben und unsere Haltung zum Leben mehr als jedes intellektuelle Wissen. Aus dem Grund kann diese Art *analytischer* Meditation tiefes Vertrauen in eine unfassbare Weisheit in uns und allem fördern. Dieses Vertrauen ist jenseits von Worten. Wir können es nicht bewusst herstellen oder erzwingen. Auch aus diesem Grund empfehlen die tibetischen Traditionen nicht nur stilles Sitzen oder liturgische Gesänge und Rezitationen, sondern auch diese Art thematischer oder analytischer Meditation.

Für mich funktioniert dieser Zugang seit Ende der 1970er-Jahre sehr gut. Ich interpretiere ihn manchmal als meditative Selbsterfahrung und Selbsterkenntnis. Diese Hinweise helfen mir auch, nicht an spektakulären Erfahrungen und besonderen Einsichten festhalten zu wollen. Es funktioniert sowieso nicht. Aber das zu verstehen, fördert Gelassenheit in wechselnden Stimmungen und mit unterschiedlichsten Erfahrungen.

Übungen:
Der Tod als Ratgeber (S. 109)
Der Tod ist sicher (S. 112)
Vorbilder und Menschen,
denen ich vertraue (S. 112)
Meine Lebensfragen (S. 113)
Vertrauen ins Große Ganze (S. 113)

4 Gelassenheit und ihre Verwandten

Achtsamkeit, Geduld und Freude, Energie und Humor und besonders ein spielerisches Herangehen ans Leben und an neue und alte Lehren und Übungen fördern und stärken Gelassenheit.

Ich habe im zweiten Kapitel bereits darauf hingewiesen, dass etwas Einsicht in die Gesetze des Lebens und ihre Akzeptanz notwendig sind, um echte Gelassenheit und echten Gleichmut zu entwickeln. Jetzt geht es um weitere Faktoren, die Gelassenheit wirksam unterstützen und stabilisieren können.

Leben ist kein Wellnessurlaub und auch wohlhabende Menschen sind selten zufrieden mit ihrem Leben. Ich bin in meiner Zeit in Indien und Nepal vom Sommer 1977 bis September 1979 mehr glücklichen und zufriedenen Menschen begegnet als im relativ wohlhabenden Deutschland der 1970er- und 1980er-Jahre. Als ich in den ersten Wochen nach meiner Rückkehr in Berlin 1979 regelmäßig mit Bus und U-Bahn zur Arbeit fuhr, war ich sehr betroffen von den vielen mürrischen und unzufriedenen

Gesichtern der meist gut gekleideten Menschen. Sie waren nicht arm, aber unzufrieden.

In Indien und Nepal hatte ich viele schöne Begegnungen mit einfachen Menschen gehabt, wir verständigten uns manchmal auf Englisch und manchmal mit meinen paar Brocken Hindi und Gesten. Wir grüßten uns und lächelten uns an. Es gelang mir auch ab und zu in Berlin, durch einen freundlichen Blick eine etwas andere Stimmung um mich herum zu wecken. Ich versuche das weiterhin, wo auch immer ich gerade bin, und oft gelingt es.

Achtsamkeit

Bemerken, was geschieht,
und erinnern, was heilt und hilft.
Eine Definition von Achtsamkeit

Der Begriff Achtsamkeit gehört erst seit den 1990er-Jahren zum deutschen Wortschatz, ist aber inzwischen nicht nur in buddhistischen Kreisen, sondern auch in Psychotherapie, Medizin und Wirtschaft ein häufig gebrauchtes Wort. Sogar im englischen Parlament gibt es eine Meditationsgruppe, die Achtsamkeit übt. Was bedeutet er genau?

Mitte der 1990er-Jahre wurde ich bei öffentlichen Vorträgen und Kursen für Menschen in sozialen, helfenden und heilenden Berufen noch manchmal gefragt, ob ich damit Aufmerksamkeit meine. Eine buddhistische Definition inspirierte mich sehr: Achtsamkeit, englisch *mindfulness*, sanskrit *smriti*, pali *sati*, bedeutet schlicht und zugleich sehr anspruchsvoll: Bemerken, was geschieht, und erinnern, was heilt und hilft.

Es geht bei Achtsamkeit ganz und gar nicht nur darum, immer im Hier und Jetzt zu sein, dabei die eigene Vergangenheit zu ignorieren und sich nicht um die Zukunft zu kümmern. *Bemerken*, was gerade geschieht, ist eine sehr hilfreiche Fähigkeit, denn sie holt uns heraus aus Schuldgefühlen und Sorgen, Grübeln und zwanghaftem Planen. Wir müssen uns darüber hinaus aber auch daran *erinnern*, was in einer konkreten, schwierigen Situation helfen könnte. Dazu brauchen wir unser Erinnerungsvermögen und die Fähigkeit, zwischen dem, was uns und anderen hilft oder schadet, zu unterscheiden. Das ist ein Aspekt von Weisheit.

Um Gelassenheit zu entwickeln, müssen wir spüren und bemerken, wie es uns und den anderen Beteiligten gerade geht, und dann auch wissen, was wir selbst und die anderen in dieser Situation brauchen oder aber nicht brauchen oder ertragen können. Das können wir zwar nie zu einhundert Prozent wissen, aber mit etwas

Achtsamkeit können wir häufiger angemessen handeln.

Wir können auch dann gelassen bleiben, wenn wir gerade nicht wissen, was das Beste wäre. Zumindest können wir bemerken, wie es uns und den anderen geht, und dann abwarten, ob uns etwas Hilfreiches einfällt. Das ist gerade in komplexen und schwierigen Situationen sehr wichtig, denn blinder Aktionismus aus Unsicherheit, Angst und Wut und unter dem Druck überzogener eigener und fremder Ansprüche hilft niemandem. Da brauchen wir neben Gelassenheit auch viel Geduld – eine der vielen Verwandten von Gelassenheit.

Drei Arten von Geduld

Geduld hat keinen guten Ruf in der Moderne, gerade auch nicht bei uns in Deutschland. Verführt durch die Erfolge von Industrialisierung und Technik und verstärkt durch die neuen Medien glauben wir, alles könne und müsse ganz schnell gehen. Viele Firmen halten nur wenige Produkte und Waren vorrätig und bestellen und liefern lieber „just in time", immer noch nach dem Motto: schneller, weiter, höher und mehr.

Nicht nur die Lieferengpässe der Pandemie-Zeit haben die Schwächen und unangenehmen

Nebenwirkungen dieses Prinzips sehr deutlich gezeigt. Auch die immer häufigere Diagnose Burnout ist ein Hinweis, dass da etwas aus dem Ruder läuft. Was ist Geduld und wie sollen wir sie üben? Die buddhistische Tradition schlägt Folgendes vor:

1. Geduld mit den *Schwierigkeiten* und Problemen des *Alltags*. Dazu gehören auch Konflikte mit unseren Mitmenschen, die natürlichen Leiden und die Tatsache, dass das Leben unbeständig und unkontrollierbar ist und bleibt. Der Buddha fasst das als die Drei Daseinsmerkmale zusammen, die ich schon mehrfach angesprochen habe.

2. Geduld mit der buddhistischen *Praxis*, denn durch sie können wir bestenfalls günstige Bedingungen schaffen für die Entfaltung von Liebe, Kraft und Weisheit, aber nie bestimmte Zustände und Erfahrungen herstellen oder erzwingen, was unser Machergeist so gerne hätte.

3. Geduld mit den *Grenzen* unseres Wissens und Verstehens. Wir können immer nur das verstehen, was wir selbst gemacht und hergestellt haben, nämlich unsere eigenen Vorstellungen und Maschinen. Leben und Beziehungen sind und bleiben so komplex, dass wir immer nur versuchen können, das Beste aus unseren Erfahrungen zu machen. In buddhis-

tischen Begriffen: Alles entsteht bedingt und ist letztlich leer von allem, was wir darüber denken. Wir kennen nie alle Faktoren, die in einer Situation mitspielen, sondern hantieren bestenfalls mit *gültigen* Konzepten. Auch darüber habe ich bereits gesprochen, aber hier weise ich zur Erinnerung noch einmal darauf hin.

Gültige Konzepte sind Vorstellungen, die wir als bloße Arbeitshypothesen erkennen und die in einem bestimmten Kontext für eine Weile funktionieren. Wenn unsere Erfahrungen dann nicht mehr zu unseren Vorstellungen passen, sind wir bereit, unsere Konzepte zu verändern, und schieben nicht anderen Leuten oder Umständen die Schuld am Scheitern unserer Pläne zu. Und wir verurteilen uns auch nicht selbst, wenn wir wieder einmal scheitern. Das gehört zum Leben dazu. Die Einsicht in die Grenzen unseres Wissens weckt und fördert Geduld.

Auch wenn wir tatkräftige und vielfach begabte Menschen mit vielen guten Verbindungen sind, brauchen wir Geduld. Mit Menschen, die unterschiedlich sind und bleiben, mit wechselnden Umständen und Bedingungen, mit kleinen und großen Krisen in Gesellschaft und Politik, in Wirtschaft, Kultur, Umwelt usw.

Freude und Energie

Freude am heilsamen Tun, Sanskrit *virya*, gibt Kraft und stärkt unsere Ausdauer, und das wird im Buddhismus sehr hoch geschätzt. Wir wissen alle, dass wir mehr Energie und Kraft haben, wenn wir etwas gerne tun. Dieses freudige und heilsame Tun gilt als eine der sechs wunderbaren Fähigkeiten, Sanskrit *paramita*, die uns vom Ufer der Verblendungen ans andere Ufer des Erwachens führen können.

Der Sanskrit-Begriff *virya* hat die gleiche Wurzel wie das lateinische *vir*, Mann, und im Deutschen sprechen wir von viril, kraftvoll und männlich. Allerdings scheitern viele Übersetzungsversuche für diesen Begriff in westliche Sprachen daran, die Verbindung von Freude, Energie und Ausdauer auch deutlich auszudrücken, daher halte ich beispielsweise die Übersetzung im Englischen als *joyful effort*, „mit freudiger *Anstrengung*", für verfehlt. Am ehesten passt noch „freudiges Bemühen" oder „freudvolle Energie".

Ausdauer im Sinne von Durchhaltevermögen und ständigem Beschäftigtsein ist sehr beliebt in unserer Kultur. Seit der Reformation vor über 500 Jahren zählt beinahe in allen Bereichen des Lebens nur noch das aktive Leben, das kontemplative Leben dagegen – Innehalten, Beten und zweckfreies Nachdenken – gilt als nutzlos und parasitär. Es sei denn, es dient als notwendige und möglichst kurze Erholung vor einem wichtigen neuen Projekt. Selbst die christlichen Kirchen fokussieren sich im Namen der Nächstenliebe primär auf Sozialarbeit und vergessen darüber häufig die Frohe Botschaft von Gottvertrauen und Gebet, Hoffnung und Zuversicht.

Die meisten nicht-religiösen Menschen singen schon aus Prinzip das Loblied der Nützlichkeit und Leistung. 2011 interpretierte der koreanische Philosoph Byong Chul Han, der in Freiburg promovierte und in Karlsruhe und Berlin lehrte, Burnout als unbewussten Widerstand gegen die Leistungsgesellschaft.

Aber dieser Zeitgeist ändert sich vielleicht, wenn auch langsam. Inzwischen wollen viele junge Leute nicht mehr so viel arbeiten, jedoch stehen bei der Mehrheit wohl immer noch eher Konsum und Zerstreuung im Vordergrund und nicht Innehalten, meditative Selbsterforschung, Gelassenheit und Zuversicht.

Die buddhistischen Traditionen lehren sechs zur Vollständigkeit führende Übungen, die Herz und Geist öffnen können für das Wunder des Lebens und für kluges und mitfühlendes Handeln mitten im Auf und Ab der Welt: Großzügigkeit, ethisches Verhalten, Geduld, freudige Ausdauer, Sammlung und tiefe Einsicht. Auf diesem

Weg lernen wir auch Gelassenheit. Die buddhistische Interpretation von Energie und Ausdauer als Freude am heilsamen Tun inspiriert mich zutiefst, seit ich das erste Mal in den 1990er-Jahren davon gehört habe.

Wir sind dann voller Energie und Kraft und entwickeln Ausdauer und Durchhaltevermögen, wenn wir *Freude* an dem haben, was wir tun. Bei dieser Freude geht es aber nicht bloß um angenehme Gefühle, die wir mit unseren fünf Sinnen wahrnehmen, sondern wir spüren diese Art Energie und Freude vor allem dann, wenn und weil wir etwas tun, das uns und anderen *hilft* und uns alle heilt. Energie und Ausdauer entstehen also durch *Freude am heilsamen Tun.*

Mit acht Jahren wurde ich Mitglied einer kleinen Gruppe interkonfessioneller Pfadfinderinnen in unserem badischen Schwarzwaldstädtchen, und ich blieb dabei bis kurz vor dem Abitur. Unser Motto war: *Jeden Tag eine gute Tat.* Uns Mädels hat das sehr inspiriert, und wir haben immer wieder miteinander überlegt, wie wir anderen etwas Gutes tun können. Das war für uns keine mühsame Pflicht, sondern machte sogar Spaß.

Das hatte sicher auch mit unseren lebenslustigen und fantasievollen liberalen Gruppenleiterinnen und ihrer und unserer badischen

Lebenshaltung zu tun. Ich kannte also die Freude am heilsamen Tun schon aus meiner Kindheit. Und jetzt bekam ich in der buddhistischen Tradition noch kluge Erklärungen dazu. Es fällt leichter, diese Art von Tatkraft und Einsatzbereitschaft mit Freude zu entdecken, wenn wir immer wieder innehalten und überlegen, was uns wirklich am Herzen liegt, und das dann gemeinsam mit anderen ausprobieren. Darauf gehe ich weiter unten ein. Aber ein wesentliches Element gehört ebenfalls zur Gelassenheit: der Humor.

Humor

In meiner badisch-liberalen Kindheit in einer katholisch-evangelisch gemischtreligiösen Kleinstadt galt Fastnacht als die fünfte und für viele wichtigste Jahreszeit. Witzige Geschichten über missliche Vorkommnisse an vier Sonntagen vor Fastnacht in Gastwirtschaften zu erzählen und sie dann bei Umzügen szenisch darzustellen, war Teil der verrückten Woche vom „schmutzigen Donnerstag" – im Rheinland Altweiberfastnacht genannt – bis Aschermittwoch. Schon als 14-Jährige trug ich mit drei Schulkameraden lustige „Schnurren", witzige Verse oder Geschichten über Nachbarn, Gemeinderäte und ehrbare Geschäftsfrauen in rund 15 lokalen Gastwirtschaften vor.

Eines war klar: Sehr witzige Bemerkungen und sogar Spottverse waren erlaubt, aber bitte ohne Gemeinheiten. Die Würde der Person zu wahren, war wichtig. Das lernte ich auch von den etwa 15, 20 Schnurr-Gruppen, die nach uns Jung-Schnurranten durch unsere Lokale und Gastwirtschaften zogen und ihre Geschichten und Lieder vortrugen. Darunter waren auch zwei Frauen im Alter meiner Großmutter, die damals Ende sechzig war. Ich hatte also viele Vorbilder, wie man witzig sein kann, ohne jemanden zu verletzen.

Im Buddhismus wird Humor selten explizit thematisiert, aber von vielen tibetischen Lamas und einigen historischen Zen-Lehrern vorgelebt. Humor erlaubt eine konstruktive Distanz zur eigenen Situation und zu den Dramen des Lebens. Eine Geschichte erzähle ich immer wieder gern: Bei einer Feier im Frankfurter Rathaus Anfang der 1990er-Jahre war auch eine tibetische Gruppe eingeladen, um dort ihre Volkstänze vorzuführen. Ich wohnte damals in Frankfurt und stand neben Geshe Thubten Ngawang, dem Leiter des tibetischen Zentrums in Hamburg. Ich kannte ihn seit meiner Rückkehr aus Indien im Herbst 1979.

Mitten in der feierlichen Vorführung erklang

plötzlich sehr laut bayrische Blasmusik aus dem Nebenraum. Denn im Frankfurter Römer können viele Gruppen Räume für Veranstaltungen anmieten. Geshe-la stieß mich mit dem Ellenbogen an und fing herzhaft an zu lachen: „Samsara will never be perfect. Der Daseinskreislauf wird nie perfekt." Ich war sehr überrascht über diesen tiefen Humor und die echte Gelassenheit. Er war gelassen, weil er die lustige Seite dieser Störung sehen konnte. Humor hilft, auch in solchen Momenten gelassen zu bleiben.

Spielen, Stimmigkeit, Kompetenz

Viele Menschen gehen eher ernsthaft an Arbeit, Beruf und Fortbildungen heran und auch an neue Techniken und Methoden in Bezug auf Lebenshilfe und Meditation. Ein englischer buddhistischer Lehrer, Rigdzin Shikpo, bei dem ich von 1995 bis 2008 viele Kurse besuchte, erläuterte uns drei Schritte beim Erlernen neuer Meditationsübungen und betonte, dass das auch hilfreich für alles Lernen und Tun in Alltag und Beruf sei.

Spielen: Wenn wir gelassener werden wollen, sollten wir locker an unsere Übungen herangehen. Wir lernen eine Haltung konstruktiver Distanz zu unserem Verhalten in Beruf und Alltag leichter, wenn wir das nicht „bierernst" nehmen. Wir tun vielleicht bewusst so, als ob wir schon gelassen wären, übertreiben es ein bisschen oder spielen für kurze Momente den „nervösen und unruhigen Zipfel" – im Wissen, dass wir das spielen, so wie Kinder ein neues Spielzeug entdecken und ausprobieren.

Stimmigkeit: Wir üben immer wieder, z. B. mit Hinweisen und Übungen in diesem Buch, für Momente gelassen zu bleiben. Und irgendwann spüren wir mit Leib und Seele, wie sich Gelassenheit tatsächlich anfühlt. Dann üben wir weiter, Tag für Tag, Schritt für Schritt.

Kompetenz: Irgendwann sind wir dann häufiger gelassen, auch in schwierigen Situationen, in einem Konflikt oder angesichts einer sehr fordernden Aufgabe. Wir werden nie perfekt, aber wir kennen, spüren und leben Gelassenheit. Das nennt man auch *performatives* Wissen. Dieses Wissen ist keine bloße Ansammlung von klugen Sprüchen und Ansprüchen, sondern Teil unseres gelebten Alltags.

Die Parallele zu beruflichen Fähigkeiten und Alltagskompetenz liegt auf der Hand. Vielen von uns fällt es leicht, Beiträge zu schreiben oder Abläufe zu organisieren, eine Besprechung zu moderieren oder zu kochen, zu nähen und Salat und Kräuter anzubauen und die Wohnung und

den Garten in Schuss zu halten. Wir wissen, wie
das geht – aus langer Erfahrung.

Übungen:
Achtsamkeit mit Leib und Seele (S. 113)
Geduld und Ungeduld (S. 114)
Freude am heilsamen Tun (S. 114)
Gelassenheit: Humor und
spielerisches Tun (S. 115)

5 Zeitgeist, Fallen und Missverständnisse

Gelassenheit fördert ein kluges und mitfühlendes Umgehen mit den Herausforderungen des Lebens und ist daher auch eine wichtige Voraussetzung dafür, trotz aller Hindernisse und Schwierigkeiten immer wieder Freude und Zufriedenheit zu erleben. Das wiederum stärkt die Fähigkeit, gelassen zu bleiben. Gelassenheit mit Freude und Dankbarkeit ermöglichen wohl das, was wir ein gelingendes Leben nennen könnten.

Allerdings gibt es einige persönliche und kulturelle Hindernisse auf diesem Weg. Es ist gut, sie zu kennen und sie mithilfe der Vier Unermesslichen Haltungen, mit Vertrauen und Achtsamkeit, mit Geduld und freudiger Ausdauer auszutricksen und aus dem Weg zu räumen. Dabei helfen Humor und ein spielerisches Herangehen.

Perfektionismus

Der Zeitgeist von heute ruft uns zu ständiger Selbstoptimierung auf, denn Industrialisierung und Technik, Medizin und sogenannte Künstliche Intelligenz singen immer weiter das Lied von „schneller, weiter, höher, besser". Unser Verstand ist neugierig, fantasievoll und verführbar und kann sich wunderbare und perfekte heile Welten vorstellen. Aber leider ist und bleibt Perfektion ein Gedankending. Die Natur kennt nur Vielfalt und Komplexität, aber keine Perfektion. Denn dann käme jede Entwicklung zum Stillstand. Leben ist und bleibt bedingt, alles ist mit allem verbunden und daher letztlich nicht kontrollierbar.

Viele Menschen glauben aber, dass sie perfekt sein sollten, und strengen sich viel zu sehr an, es zu werden. Fort- und Weiterbildungen, Workshops und Internet-Programme und leider auch spirituelle Angebote im Bereich Achtsamkeit suggerieren, dass wir nur dies und das tun oder lassen müssten, damit das Leben rund wird und wir „unkaputtbar".

Wer das glaubt, wird aber nicht selig, sondern gerät nur immer mehr unter Druck. Das blockiert jede Art von Leichtigkeit und Gelassenheit und damit auch leider unsere Kreativität. Solange wir unseren Perfektionsdrang und unsere Selbstoptimierungsfantasien nicht bemerken und zumindest ein bisschen loslassen bzw. etwas weniger daran festhalten, gibt es keine Gelassenheit, egal wie viele Meditations-Apps, Bücher und Kurse uns das versprechen.

Masterpläne

Eng verwandt mit dem völlig unrealistischen Perfektionismus und naiven Heile-Welt-Utopien ist die Sehnsucht nach der *einen* großen Lösung, die möglichst alle Probleme auf ein Mal beseitigt, auch im Bereich von Politik und Wirtschaft, Gesellschaft und Klimawandel usw., vor allem dann, wenn die Probleme sehr groß sind. Leider funktionieren Masterpläne nie. Sie können Besonderheiten nicht erfassen, da sie sich an Statistiken und am Durchschnittsverhalten von Menschen orientieren. Menschen und Lebensumstände sind und bleiben jedoch zum Glück sehr verschieden. Wie langweilig und einschränkend ein Leben nach Plan aussieht, zeigen alle diktatorischen und autoritären Regime.

Freiheit und Vielfalt funktionieren nur, wenn Unterschiede möglich sind und wahrgenommen und gelebt werden können. Menschen können lernen, miteinander auszuhandeln, wie sie zusammenleben und ihre gemeinsame Welt gestalten wollen. Das ist nicht einfach und braucht neben Lebenserfahrung und Sachverstand viel Gelassenheit. Denn leider gibt es viele Menschen, die verunsichert und überfordert sind und daher an technisch einfache Lösungen für komplexe Probleme glauben oder glauben wollen. Wir können sie nur gewinnen, wenn wir sie durch Freundlichkeit und Freude, Mitgefühl und Gelassenheit und ihre vielen Verwandten inspirieren.

Der Traum vom Himmel auf Erden und einer heilen Welt

Menschen haben eine rege Fantasie, daher gibt es in allen Kulturen Mythen und Erzählungen über eine heile Welt, ob wir diese nun Paradies nennen, das Goldene Zeitalter oder die „gute alte Zeit", die es nie gab. In all diesen Erzählungen liegen die goldenen Zeiten allerdings meist in der Vergangenheit. Psychologinnen und Psychotherapeuten vermuten schon lange, dass das mit diffusen Erinnerungen an die Geborgenheit im Mutterleib und an eine gute Kindheit zusammenhängen könnte.

Wie auch immer das sein mag, Menschen träumen von einer heilen Welt. Solange das zu schönen Romanen, Science-Fiction-Erzählungen oder alternativen Lebensweisen führt, scheint das ungefährlich. Sobald aber revolutionäre Gruppen ihre naiven Visionen mit Gewalt durchsetzen wollen und klare Feindbilder haben, führt das nie zu einer heilen Welt, sondern nur zur Spaltung der Gesellschaft, zu Bürgerkriegen und noch mehr Unrecht und Ungerechtigkeiten. Auch dazu gibt es genügend historische Begebenheiten, die von diesen Irrwegen erzählen.

Der Philosoph Odo Marquard bringt es so auf den Punkt: Menschen wollen den *Himmel* auf Erden haben. Wenn sie bemerken, dass das nicht möglich ist, halten sie ihr Leben für die *Hölle* auf Erden. Aber leider gibt es nur die *Erde* auf Erden. Erst wenn sie das verstehen und akzeptieren lernen, können sie gelassener und freundlicher mit ihren Erfahrungen umgehen und ein bisschen Frieden finden in dieser unvollkommenen Welt.

Authentizität und Einsamkeit

Manche Menschen glauben immer noch: wenn alle nur authentisch ihre Gefühle spüren und ausdrücken würden, könnten sie glücklich und zufrieden leben. Andere verschließen ihre Augen vor dem überfordernden Alltag und versuchen in ihrer eigenen Blase mit Gleichgesinnten glücklich zu werden. Beide Haltungen haben miteinander zu tun. Menschen, die eine dieser Haltungen einnehmen, versuchen, „ihr Ding" zu machen. Sie verzichten auf den Kontakt mit Menschen, die *anders* fühlen und denken, reden und handeln. Das ist ein Ausdruck von Ohnmacht und Resignation im schönen Gewand. Sie fühlen sich nicht traurig und frustriert, sondern halten sich für klüger und realitätstüchtiger.

Manche von ihnen verzichten überhaupt auf Kontakte und zelebrieren ihre Einsamkeit als Freiheit. All diese Menschen scheinen eher in die Falle der Gleichgültigkeit gegenüber ihren Mitmenschen und ihrer Umwelt zu stecken. Mit Gelassenheit hat das nichts zu tun.

Grübeln

Wenn wir das, was wir allein denken,
nicht mit anderen besprechen,
verlieren wir mit der Zeit
die Fähigkeit zu denken.

HANNAH ARENDT

Eine Variante dieser Haltung zum Leben ist auch das einsame Grübeln und Spekulieren über die beste Art des Lebens und die Rettung der Welt. Leider fördern die neuen Medien nicht nur schnellen und regelmäßigen Kontakt zu vertrauten Menschen, sondern ebenso das Ansammeln anonymer Informationshäppchen, die uns nicht helfen, unser Leben besser zu verstehen, sondern uns eher überfordern.

Selbstdenken und Verstehen lernen wir nur

im Gespräch mit konkreten „Menschen im Plural über die gemeinsame Welt", wie es meine Lieblingsphilosophin Hannah Arendt elegant auf den Punkt bringt. Sie sagt sinngemäß: Wenn wir das, was wir allein denken, nicht mit anderen besprechen, verlieren wir mit der Zeit die Fähigkeit zu denken. Das passt sehr gut zu meiner Lebenserfahrung mit einsamen Menschen und denen, die ihre vielfältigen Beziehungen pflegen und genießen.

Wenn wir uns regelmäßig mit vertrauten Menschen über unsere Erfahrungen austauschen, ist das ein gutes Lernfeld für Gelassenheit. Denn Menschen sind und bleiben verschieden, und sie sind zugleich ein wunderbarer Spiegel, in dem wir unsere Haltungen und Muster immer besser bemerken und verstehen lernen. Auch das fördert Gelassenheit.

Auf diesem Weg begreifen wir immer tiefer, dass niemand schuld ist, wenn wir uns unwohl fühlen. Auch wir selbst sind komplexe Wesen und kaum ein echtes Problem hat nur eine einzige Ursache: wir oder die anderen, der Körper oder die Psyche, die Gesellschaft, das System oder das Klima usw.

Mit etwas Gelassenheit lernen wir, uns nicht ständig mit anderen zu verhaken, sondern irgendwann einmal den Hakentanz zu wagen. Mit diesem Bild interpretiere ich viele Konflikte mit

Mitmenschen: Unsere reaktiven Muster und überzogenen Ansprüche und Erwartungen sind wie stählerne Haken. Je häufiger wir sie bemerken, desto weicher werden sie. Da wir unsere Biografie nicht wegmeditieren oder -therapieren können, bleiben sie uns als eine Art Gummihaken erhalten. Wir verhaken uns also weiterhin, aber mit der Zeit lernen wir miteinander den Hakentanz. Wir spielen mit unserer Unterschiedlichkeit, mit Geduld und Humor, Freude und Ausdauer. Die Welt wird nie perfekt sein. Je tiefer wir das verstehen, desto gelassener sind wir, mitten im Trubel und Durcheinander des Lebens. Wer das glaubt und lebt, wird selig. In echt.

Übungen:
Perfektion ist ein Gedankending (S. 115)
Masterpläne. Es geht nur so! (S. 116)
Ich will den Himmel auf Erden (S. 116)

6 Wege und Auswege aus Unruhe und Sorgen

Auch wenn wir hoch motiviert, mit guter Begleitung und zusammen mit anderen einen meditativen Weg mit bestimmten zu uns passenden Übungen gehen wollen, werden wir immer wieder auf Schwierigkeiten stoßen und in Fallen geraten. Das hat zum einen mit unserer Persönlichkeit und Biografie zu tun, aber auch mit dem Zeitgeist.

Beides zu bemerken, ist nicht einfach, aber möglich. Unser persönlicher Blick auf die Welt färbt die Art und Weise, wie wir Lehren und Übungen interpretieren. Wir nutzen sie zunächst, um unsere vertrauten Muster zu rechtfertigen und zu stabilisieren.

Durch regelmäßige Begegnungen im vertrauensvollen und offenen Gespräch mit einer kompetenten Begleitung und im kontinuierlichen Austausch mit Menschen, die mit uns zusammen meditieren, werden wir uns dieser persönlichen Brille und eingefahrenen Muster mehr und mehr bewusst und lernen, damit klug umzugehen. Manchmal kann uns dabei eine psychotherapeutische Begleitung sehr unterstützen. Es gibt aber auch *kulturelle Hindernisse* für die Pflege von *Gelassenheit*: Leistungsdruck, ein Überangebot an Informationen, Perfektionismus, der Drang zur Selbstoptimierung und Heile-Welt-Utopien.

Beziehungen im Wandel der Zeiten

Wir brauchen Menschen
wie die Luft zum Atmen.

Weitere Hindernisse für ein gelassenes und zuversichtliches Umgehen mit Krisen und Umbrüchen sind der Zerfall traditioneller Beziehungsnetze und ein überzogenes und extrem liberalistisches Verständnis von Freiheit.

Die Soziologie beschreibt in diesem Zusammenhang fünf sogenannte Säulen des Lebens, die Menschen brauchen, um sicher und einigermaßen gelassen durchs Leben zu gehen. Ich übersetze die traditionellen Begriffe hier für unsere Zeit kulturell neu. In meinen Worten sind das: 1. Blutsfamilie inklusive Wahlverwandtschaften und Freundeskreise, 2. Wohnung, Nachbarschaft und regionale Kontakte, 3. Arbeitsplatz mit beruflichen Netzwerken und Ehrenämter, 4. Gesundheitsnetzwerk und schließlich 5. tiefes Vertrauen ins Große Ganze, z. B. durch die gelebte Verbindung mit einem spirituellen oder religiösen Weg und einer stabilen Gemeinde vor Ort.

Viele dieser tragenden Säulen und Beziehungsnetze sind in den letzten Jahrzehnten brüchig geworden, und für eine immer größere Gruppe von Menschen lösen sie sich ganz auf, ähnlich wie z. B. soziale Milieus, die eine Bindung an bestimmte Parteien, Weltanschauungen und Werte ausdrückten und auf diese Weise stabilisierten.

Dadurch wird unsere *individuelle* Sicht auf die Welt immer wichtiger, und das kann zu einer egozentrischen Haltung von „me first" führen. Es ist in solchen Zeiten besonders wichtig zu bemerken, was uns wirklich am Herzen liegt und was wir gerne tun und lassen wollen.

Wir sind und bleiben jedoch soziale Wesen, die eigentlich miteinander auskommen wollen und das auch müssen und können. Denn „allein machen sie dich ein", wie meine 1968er-Generation schon in den frühen 1970ern wusste. Wir lernen das am besten im Gespräch mit vertrauten Menschen und können dann auch Wege finden, unsere Herzensanliegen im Alltag umzusetzen.

Wenn Menschen sich immer weniger geborgen fühlen in ihrem privaten und beruflichen, regionalen und sozialen, kulturellen und politischen Umfeld und kaum noch eine religiöse oder spirituelle Orientierung haben, fühlen sie sich vermutlich auch immer ohnmächtiger, unsicherer und ängstlicher in Krisen und Umbrüchen. Manche werden dann sehr wütend. Das nennt man heutzutage „Wutbürger". Bei Ohnmacht, Angst und Wut hat Gelassenheit keine Chance. Wir brauchen daher Beziehungen mit Kontinuität zu unterschiedlichen Menschen wie die Luft zum Atmen. Das ist eine meiner tiefen Einsichten in den letzten Jahrzehnten. Sie ermutigt mich immer wieder dazu, auch mit Menschen, deren Ansichten ich nicht in allen Bereichen teile oder die ich seltsam finde, zumindest in lockerem Kontakt zu bleiben.

Konsum und Acht weltliche Anliegen

Auch das Konsumdenken hat zugenommen. Ich interpretiere das als flachen und unwirksamen Ersatz für existenzielle Herzensanliegen. Der Buddha spricht von acht *weltlichen* Anliegen, die für viele Menschen im Zentrum ihres Lebens stehen, die aber keine dauernde Befriedigung schenken. Wir jagen vier Dingen hinterher: Status, Besitz (auch von Wissen), Anerkennung und angenehmen Gefühlen, und fürchten uns jeweils vor dem Verlust jedes einzelnen. Zusammen sind das acht Anliegen. Leider führt das Verfolgen dieser acht Anliegen nicht zu einem gelingenden Leben. Denn sonst wären Menschen in wohlhabenden Gesellschaften wie z. B. in Mitteleuropa vermutlich glücklicher.

Diese acht Anliegen richten sich auf Menschen, Dinge und Umstände, die unbeständig und unkontrollierbar sind und bleiben. Und aus diesem Grund sind wir tendenziell unzufrieden, getrieben vom Vergleichen und von Sozialneid, *kindlichen* Erwartungen an eine wunscherfüllende „Mama Sozialstaat" und einen allwissenden „Papa Staat", der alle Probleme erkennen und mit einem Doppelwumms oder Masterplan lösen können sollte.

Manche Menschen regredieren in Krisen auf *pubertären* Widerstand gegen alle Arten von Einschränkungen oder Verzicht, auch wenn beides heute dem Klima, dem Zusammenhalt und der sozialen Gerechtigkeit und einer pragmatischen und klugen Politik sehr guttun würde. Darauf komme ich gleich noch einmal zurück unter dem Stichwort „Feindbilder".

Manche Menschen haben ein gutes Gespür für ihre eigenen tiefen Anliegen, und einige sind mutig und auch sensibel für die ihrer Mitmenschen. Sie können Pioniere werden und vor allem dann andere inspirieren, wenn sie nicht schlichte Feindbilder konstruieren und gegen die „bösen Anderen" kämpfen, sondern Räume für den offenen Austausch über wesentliche Anliegen schaffen und konstruktive Gespräche initiieren und moderieren können. Auch das ist nur möglich mit viel Zuversicht und einem großen Maß an Gelassenheit, denn viele Menschen kennen und anerkennen nur ihre eigene Perspektive, sind blind für die Situation und die Argumente von anderen und wehren sie wütend ab.

In solchen Momenten helfen ebenfalls Innehalten und Selbsterkenntnis, Geduld und viel Gelassenheit. Ich schreibe dieses Buch sozusagen als eine buddhistisch inspirierte Werbekampagne für liebevolle und mitfühlende Gelassenheit mit ihren vielen komplexen Bedingungen und Kontexten.

Ohnmacht und Ängste, Wut und Feindbilder

Wenn das Leben zu schwierig wird und manche Beziehungsnetze brüchig werden, fühlen sich Menschen eher ohnmächtig und reagieren mit drei klassischen Abwehrstrategien: Angriff, Flucht oder Erstarren. Manche flüchten aus diffuser Angst in ein nur noch privates Leben, andere – häufig sind das junge Männer ohne Perspektive – werden sehr wütend und suchen einen Feind, an dem sie ihre Wut auslassen können. Als Feindbilder dienen entweder soziale Gruppen, politisch Andersdenkende und sogenannte Eliten oder Migranten, Fremde und Minderheiten, die irgendwie anders sind.

Andere wiederum wissen ganz genau, dass *das System* des Kapitalismus oder *die* Finanzwirtschaft der Feind ist, den es zu beseitigen oder zu vernichten gilt. Aber Feindbilder haben in der Geschichte der Menschheit noch nie zu mehr Frieden, Gerechtigkeit und Wohlstand für viele oder gar alle geführt, sondern nur zu mehr Streit und Konflikten und zu Krieg und Zerstörung. Keine Vision einer besseren Welt rechtfertigt Gewalt gegen Menschen und Dinge.

Seit 1948 haben sich Mutige aus vielen Ländern auf die Allgemeinen Menschenrechte verständigt und betonen darin die Würde aller. Eine daraus folgende respektvolle und wertschätzende Haltung allen Menschen gegenüber können wir aber nur leben und im Alltag umsetzen, wenn wir einigermaßen gelassen die Vielfalt der Lebensstile und Kulturen, der Perspektiven, Werte und Meinungen anerkennen und klug damit umgehen lernen. Das wiederum lernen wir nur in der konkreten Begegnung und im offenen Austausch mit Menschen und am besten in langfristigen Beziehungen in unserem nahen Umfeld.

Übungen

7 Weitere Ansätze für Neugierige

Gelassenheit zu bewahren ist nie einfach. Auch in relativ ruhigen Zeiten gibt es immer Menschen und Umstände, die uns irritieren oder stören. Ich habe im ersten Kapitel den Grundbegriff „lassen" und seine vielen Geschwister und Verwandten umkreist und einiges über den großen Mystiker Meister Eckhart erzählt, der uns den Begriff „Gelassenheit" im 13.–14. Jahrhundert n. Chr. geschenkt hat.

In den nächsten drei Kapiteln habe ich zentrale buddhistische Überlegungen vorgestellt, die uns bei der Entwicklung von Gelassenheit unterstützen können: 1. Die Vier unermesslichen Haltungen: Wohlwollen, Mitgefühl, Freude und Gleichmut, die buddhistischen Entsprechungen von Gelassenheit. 2. Die drei Arten des Vertrauens: in andere, in uns selbst und ins Große Ganze. 3. Weitere wunderbare Verwandte von Gelassenheit: Achtsamkeit, drei Arten von Geduld, Freude, Energie, Humor, Spielen, Stimmigkeit und Kompetenz.

Im fünften und sechsten Kapitel ging es dann um einige typische Hindernisse auf dem Weg zu einer konstruktiven Gelassenheit, die zum einen mit unserem Zeitgeist und zum anderen mit all-

gemein menschlichen Neigungen und Struktu-
ren zu tun haben: Perfektionismus, Einsamkeit,
Beziehungen, Konsum, Ängste und Feindbilder.

In diesem siebten letzten Kapitel möchte ich
für speziell am Buddhismus Interessierte einige
weitere Überlegungen vorstellen, die mich immer wieder inspirieren, Gelassenheit zu üben,
ohne mich dabei zu sehr unter Druck zu setzen.
Im Spiegel dieser Lehren und Übungen habe ich
immer besser verstanden, an welchen Vorstellungen und Erwartungen ich bewusst und häufig auch unbewusst hänge, weil ich eben so ticke
und von meinem kulturellen Umfeld auf diese
Weise geprägt bin.

Es sind über Jahrhunderte erprobte buddhistische Lehren und Ansätze, die mich und
vielleicht auch Sie dabei unterstützen können,
einen Weg zu mehr Gelassenheit zu wagen und
leben zu lernen. Wenn Sie das inspiriert, experimentieren Sie mit diesen Übungen. Wenn
nicht, lesen Sie sie später oder vielleicht auch
gar nicht.

Folgende Übungen möchte ich Ihnen anbie-
ten: 1. Die Welt als Spiegel. 2. Einsicht in überzogene Erwartungen und ungültige Vorstellungen
und Konzepte. 3. Das Ende des Haderns durch
Einsicht in die Drei Daseinsmerkmale. 4. Drei
Haltungen für alle Lebenslagen: Entsagung,
Bodhicitta und Leerheit. 5. Grundsätzliche Of-

fenheit für das Unerwartete oder das Paradox des Lebens, auch Tetralemma (das doppelte Dilemma) genannt.

Die Welt als Spiegel

Mein tibetischer Herzenslehrer Lama Thubten Yeshe (1935–1984) betonte immer und immer wieder, dass es bei der Beschäftigung mit und der Praxis des Buddhismus nicht um eine kognitiv begründete oder begeisterte und kritiklose Übernahme einer neuen Weltsicht gehe, sondern darum, im *Spiegel* einer *neuen* Weltsicht sich der *eigenen* Vorstellungen immer deutlicher bewusst zu werden. Dabei sind meditative Reflexionen eine große Hilfe.

Je mehr wir begreifen, dass nicht nur die anderen, sondern auch wir die Welt durch unsere persönliche und kulturelle Brille sehen und meist völlig unbewusst und blind an unserer eigenen Perspektive hängen, desto eher verstehen wir, dass wir das Gespräch mit Menschen im Plural brauchen, um miteinander auszukommen und gemeinsam Krisen und Umbrüche zu bewältigen. Diese Einsicht und die Bereitschaft, mit anderen regelmäßig über die gemeinsame Welt zu sprechen, fördert Gelassenheit im Blick auf unsere Schwächen und die der anderen.

Wenn ich die Welt, andere Menschen und die Lehren als Spiegel meiner eigenen Ansichten und Vorstellungen interpretiere, so ist und bleibt das natürlich ein Gleichnis oder eine Metapher. Es ist aber auch ein sehr anschaulicher Hinweis darauf, dass wir uns selbst nie „mit eigenen Augen" sehen können, sondern ganz praktisch nur im Spiegel an der Wand oder im Spiegel anderer Menschen. Der griechische Fachbegriff „Metapher" bedeutet wörtlich „hinübertragen", *meta phorein*. Und wenn wir ein Gleichnis oder eine Metapher verstehen, hat sie uns schon verwandelt oder „hinübergetragen" zu einem tieferen Verständnis.

Überzogene Erwartungen und ungültige Konzepte

Auch die Fahrpläne der Deutschen Bahn sind Absichtserklärungen und keine Wirklichkeit.

Die Ursache des *natürlichen* Leidens, die ich im vierten und fünften Kapitel vorgestellt habe, ist das Leben, denn es ist und bleibt unbeständig und so komplex, dass wir es letztlich nicht völlig kontrollieren können. Die Ursache des *zusätzlichen* Leidens ist, kurz gesagt, der Wunsch, dass es anders sein möge als es ist. Im Kontext einer pragmatischen Aufmerksamkeit für unser Denken, Reden und Tun kann uns dieser Wunsch inspirieren, umsichtig und rücksichtsvoll mit uns und anderen umzugehen und, soweit möglich, das Beste aus unserer Situation zu machen. Als naive Abwehr von unangenehmen Erfahrungen, ohne sie wirklich zu verstehen, sorgt dieser Wunsch aber eher für ständige Unzufriedenheit, da unser Leben und das der anderen unberechenbar bleibt.

Wie können wir *realistische* Erwartungen und Pläne von *überzogenen* Ansprüchen an unser Leben unterscheiden lernen? Der Buddhismus spricht von *gültigen* und ungültigen Vorstellungen bzw. Konzepten. Wir machen den ganzen Tag und das ganze Leben lang Pläne, in Alltag und Beruf, in Beziehungen, Politik und Ehrenamt, in Bezug auf Wohnen und Urlaub, Freizeit und Feste usw.

Das ist auch sinnvoll und notwendig. Allerdings nur unter zwei Bedingungen: Wenn wir 1. bei unseren Plänen oder Konzepten bemerken und immer tiefer *begreifen* und *wissen*, dass es lediglich Vorstellungen sind, und sie 2. funktionieren. Halten wir unsere Vorstellungen für die *wahre* Wirklichkeit, werden wir wütend, wenn es nicht so kommt, wie wir es uns vorgestellt haben, und suchen die Schuldigen meist im Außen.

Dann schimpfen wir auf die Deutsche Bahn oder die Nachbarin, auf den Bäcker, der unsere Vorbestellung vergessen hat, usw. Es gibt auch *ungültige* Konzepte bzw. Vorstellungen, die wir nicht als solche erkennen, die aber für ein paar Jahre ganz gut funktionieren: eine Freundschaft, der Arbeitsplatz, eine enge Beziehung usw. Wenn sich die Bedingungen verändern und unsere Vorstellungen nicht mehr zu unseren Erfahrungen passen, werden wir wieder wütend auf andere oder auf uns selbst, oder wir fühlen uns ohnmächtig und ängstlich und resignieren.

Ich fahre seit Mitte der 1980er-Jahre häufig und immer noch gerne mit der Bahn und habe schon in den Nullerjahren ab und zu scherzhaft betont: Die Fahrpläne der Deutschen Bundesbahn sind, wie alle unsere Pläne, lediglich *Absichtserklärungen*, und erst am Tag der Fahrt wissen wir, ob sie Wirklichkeit werden.

Seit ich das erste Mal 1987 von dem tibetischen Lama Tarab Tulku von dieser Unterscheidung zwischen gültigen und ungültigen Konzepten gehört habe, bin ich sehr viel gelassener, wenn sich Umstände, Menschen und Dinge verändern. Ich weiß ja im Prinzip, dass meine Vorstellungen von einer Einrichtung oder einem Projekt, von Menschen, Dingen und Abläufen, *bestenfalls* gültige Konzepte sind, die mir Orientierung geben, solange sie funktionieren – auch wenn ich das manchmal erst nach ein paar Minuten Ärger bemerke.

Wenn sie nicht mehr funktionieren, bin ich eher bereit, meine Vorstellungen zu verändern, statt mir oder anderen die Schuld zuzuweisen. Diese klugen Hinweise auf die *Grenzen* meines Wissens, meiner Vorstellungen und Erwartungen machen mein Leben leichter und fördern meine Gelassenheit von Jahr zu Jahr.

Das Ende des Haderns

Ich habe schon mehrfach auf die Drei Daseinsmerkmale hingewiesen, die zu jedem Leben gehören und miteinander zusammenhängen: Leiden, Unbeständigkeit und Unkontrollierbarkeit. Solange wir sie nicht wahrhaben wollen und leugnen, sie ablehnen oder schönreden, gibt es keine Gelassenheit, denn wir leiden dadurch viel mehr als nötig. Zusätzlich zu den damit verbundenen Schmerzen und unangenehmen Gefühlen leiden wir unter Abwehr, Ohnmacht und Ängsten.

Nur das Ende des Haderns schenkt oder bringt Frieden, behauptet der Vers zu den Vier Siegeln des Buddha. Er betonte, dass nur die Menschen seine Schüler seien, die alle diese vier Themen kennen, im Herzen bewegen und im Alltag ausprobieren und tief verstehen. Wir können alles, was sozial vertretbar ist, tun, um das natürliche Leiden zu lindern oder zu vermeiden. Es geht aber darum, immer tiefer zu begreifen, dass blinder und wütender Widerstand gegen Leiden, Unbeständigkeit und Unkontrollierbarkeit zwecklos ist und das Leiden nur noch vermehrt.

Der Friede und die Gelassenheit, die durch unsere Akzeptanz dieser drei Grundmerkmale jedes Lebens entstehen, sind nicht Ausdruck von Gefühllosigkeit oder Gleichgültigkeit oder stoischem Aushalten von Leiden. Sie sind Frucht eines tiefen Ja zu allem, was uns geschieht, im Vertrauen darauf, dass wir damit umgehen lernen können, ohne Ohnmacht, Wut und Angst, ohne Feindbilder und Resignation. Das ist echte Gelassenheit, die nur möglich wird, wenn wir es riskieren, uns Schwierigkeiten und Konflikten zu stellen, ohne sie abzulehnen, zu leugnen oder schönzureden.

Entsagung, Bodhicitta, Leerheit

Die tibetischen Traditionen beschreiben drei wunderbare Haltungen, die ein Leben in Frieden und Fülle ermöglichen. Auf ihrer Grundlage können wir mehr und mehr wach und aufmerksam, zugewandt und mitfühlend, klug und angemessen handeln und konstruktiv und mit einer realistischen und heiteren Gelassenheit leben. Die drei Schlüsselbegriffe – Entsagung, Bodhicitta und Leerheit – kann man auch mit Loslassen, liebevoller Hinwendung und wissendem Nichtwissen übersetzen. Auf jeden Fall unterstützen und fördern alle drei Haltungen die Entwicklung von Gelassenheit.

Mit dem Begriff *Entsagung* haben christliche Übersetzer seit dem 19. Jahrhundert die buddhistische Haltung des Loslassens von zwanghaftem Festhalten an den acht weltlichen Anliegen – der Jagd nach Status und Besitz, Anerkennung und angenehmen Gefühlen und der Sorge um ihren Verlust – beschrieben. Der tibetische Begriff und seine Interpretation bedeuten aber „Wunsch nach Freiheit" von diesen Fesseln des Lebens.

Entsagung oder das Nicht-mehr-Festhalten an weltlichen Freuden ist erst die *Folge* einer tiefen Einsicht, dass wir im Gefängnis unserer überzogenen Ansprüche, von reaktiven Emotionen und eingefahrenen Mustern stecken, und dass uns das und die Sorge um die acht Anliegen daran hindern, gelassen, mitfühlend und konstruktiv zu leben.

Solange wir glauben, dass Erfahrungen, Menschen und Dinge tiefe und *letztendliche* Erfüllung und Seelenfrieden schenken könnten, werden wir nicht glücklich. Denn Erfahrungen, Menschen und Dinge und unsere Beziehung zu ihnen bleiben unbeständig und wir bekommen sie nie völlig in den Griff.

Es geht also darum, immer genauer zu bemerken, *dass* und *wie* uns überzogene Erwartungen und ungültige Konzepte daran hindern, freundlich und gelassen zu leben. Dann entsteht von ganz allein der tiefe Wunsch, uns von einengenden Vorstellungen zu befreien. Das fällt uns leichter, wenn wir sie nicht bekämpfen, sondern *loslassen*.

Genau genommen können und müssen wir sie nicht gezielt loslassen. Es reicht, wenn wir z. B. bei der Übung der Achtsamkeit für den Atem bemerken, dass Gedanken und Gefühle von allein kommen, aber auch wieder gehen, *sobald* wir nicht mehr daran festhalten. Wenn wir diese Erfahrung immer wieder zulassen können, wird unser Leben sehr viel leichter. Denn wir begreifen mit Leib und Seele, dass es uns befreit, weniger festzuhalten. Es befreit von unangenehmen Gedanken und Gefühlen, Erfahrungen und Erinnerungen, von zwanghaftem Planen und von Ängsten und Sorgen.

Die Art und Weise, wie wir festhalten, bemerken wir leichter, wenn wir regelmäßig eine Übung durchführen, die zu uns passt und uns zum Hinschauen und Hinterfragen inspiriert. Auch aus diesem Grund stelle ich immer wieder unterschiedliche Methoden vor. Denn Menschen sind und bleiben unterschiedlich und brauchen daher Unterschiedliches.

Tu Gutes, meide das Böse
und kläre Herz und Geist.

ESSENZ BUDDHISTISCHER ETHIK, JAPANISCHES ZEN.

Bodhicitta ist der Leitbegriff für eine Haltung, mit der wir Erwachen, Sanskrit *bodhi*, anstreben, und zwar mit Herz und Verstand oder Leib und Seele, Sanskrit *citta*. Menschen auf diesem Weg nennt man *Bodhisattvas*. Das sind Lebewesen (*sattva*), die Erwachen (*bodhi*) anstreben. Sie tun das, weil sie „zum Wohle aller leben" wollen, nach der chinesischen und japanischen Kurzfassung des buddhistischen Weges: „Tu Gutes, meide das Böse und kläre Herz und Geist."

Mit dieser Haltung wollen wir fähig werden, andere nicht mehr bewusst zu verletzen und soweit möglich Gutes zu tun. Das gelingt aber nur, wenn wir Herz und Verstand und unser konkretes Verhalten im Reden und Handeln durch Meditation reflektieren und klären und dadurch Gier, Hass und Verblendung in ihren vielen Varianten immer häufiger bemerken und abbauen.

Dazu brauchen wir sehr viel Gelassenheit und Gleichmut und ihre drei Geschwister und vielen Verwandten, die ich Ihnen in diesem Buch gerne immer wieder vorstelle. Wiederholung ist der Schlüssel zu heilsamen Gewohnheiten. Kluge Ideen und gute Vorsätze reichen dazu nicht aus. Es braucht neue heilsame Gewohnheiten, die durch regelmäßige Übung – allein und mit anderen, mit denen wir diesen Weg gehen und mit denen wir uns darüber austauschen.

Der Hirnforscher Gerhard Roth beschreibt mit dem Bild des dreifachen Gehirns sehr anschaulich, wie sich Vorstellungen, die wir schätzen, in stabile Verhaltensweisen verwandeln können. Durch Wertschätzung gelangen neue Gedanken, die wir im Neokortex, auch neues Gehirn oder Frontalhirn genannt, entwickeln, ins Limbische System, das schnelle Entscheidungen durch Gefühle ermöglicht. Es braucht im Anschluss daran regelmäßiges Üben und Wiederholen im Alltag, damit heilsame Vorstellungen (neues Gehirn), die wir schätzen (Limbisches System) in den Hirnstamm bzw. ins Stammhirn gelangen. So stehen sie uns auch dann zur Verfügung, wenn wir unklar, müde und wenig motiviert sind.

Durch spielerisches und regelmäßiges Üben mit Hingabe und Vertrauen werden die Vier Unermesslichen Haltungen zu einem tragenden

Grund: Freundlichkeit und Freude, wenn es gut läuft, Mitgefühl und Gleichmut oder heitere Gelassenheit, wenn das Leben schwierig ist.

Stabilisiert werden *Entsagung* und *Bodhicitta* durch eine dritte Haltung, traditionell *Einsicht in Leerheit* genannt. Mit *Leerheit* ist nicht die frustrierte These vom Nichts als Grund des Lebens gemeint, weil man diesen tragenden Urgrund rational nicht fassen kann. Aber auch nicht Nihilismus, eine resignierte Haltung, die keinen Sinn im Leben sieht. Es geht vielmehr darum, dass ich weiß, dass ich nichts endgültig weiß. Das führt zu radikaler Offenheit und freundlichem Mitgefühl, z. B. in Gestalt der sogenannten Goldenen Regel, die sich in allen Hochreligionen und im Alltagswissen als Sprichwort wiederfindet: „Was du nicht willst, dass man dir tu, das füg auch keinem andern zu."

Der Mahayana-Buddhismus behauptet, dass alle Erfahrungen und Phänomene „leer" sind von allem, was wir darüber denken und wissen können. Das bedeutet schlicht die Einsicht in die Grenzen unseres Wissens. Und zwar keine vorläufige Grenze, die durch neue Erkenntnisse aus Forschung und Wissenschaft bald verschoben oder ganz überwunden werden könnte. Sondern die Einsicht, dass wir pragmatisch zwar vieles wissen und verstehen können, das Leben als Ganzes aber ein Wunder bleibt und alle existenziellen Fragen letztlich nicht zu beantworten sind. Was nicht bedeutet, dass wir aufhören sollten, existenzielle Fragen nach dem Woher und Wohin, nach Warum und Wozu zu stellen, denn sobald wir diese Fragen nicht mehr stellen, sind wir lebende Tote.

Eine auch nur leise Ahnung von der Leerheit aller Zuschreibungen und Erklärungen kann eine neue und tiefere Art von Gelassenheit und Zuversicht wecken, die das Leben im Auf und Ab sehr viel leichter macht. Denn sie ermöglicht eine grundlegende Offenheit für andere Perspektiven und für die vielen Unwägbarkeiten des Lebens. Durch jedes bisschen Einsicht in Leerheit begreifen wir immer tiefer, dass Leben so komplex ist, dass wir es nie vollständig verstehen und auch nicht völlig kontrollieren und in den Griff bekommen können.

Das hatte schon der griechische Philosoph Sokrates erkannt. Er sprach gerne mit Menschen auf der Agora, dem Marktplatz in Athen, und hinterfragte alle ihre Behauptungen, Lebenshaltungen und schlauen Theorien. Von sich sagte er: „Ich weiß, dass ich nicht weiß." Er war sehr klug und gebildet, hatte aber wie sein Zeitgenosse Buddha in Indien verstanden, dass Worte und Begriffe, Vorstellungen und Bilder immer nur „Finger sind, die auf den Mond zeigen", wie ein kraftvolles Bild aus dem Zen-Buddhismus anschaulich besagt.

Der große Königsberger Philosoph Immanuel Kant unterschied schon kurz nach der Französischen Revolution zwischen dem *Verstand*, der fassbares Wissen sucht, und der *Vernunft*, die die Grenzen ihres Wissens erkennt. Ich habe das zum ersten Mal Anfang der Nuller-Jahre bei Hannah Arendt in ihrem Buch „Vita activa" gelesen, und diese Aussage traf mich mitten ins Herz. Wenn alles Wissen Grenzen hat, dann kann und muss ich nicht alles wissen. Das entlastet und öffnet für andere Perspektiven.

Wer an Leerheit glaubt, ist unheilbar.

Nagarjuna

Damit wir mit der These von Leerheit oder einem wissenden Nichtwissen nicht in die Falle der Beliebigkeit und eines verzweifelten und resignierten Relativismus geraten, gibt es in allen Hochkulturen und Hochreligionen neben einer Variante der Goldenen Regel mehr oder weniger ausführliche ethische Empfehlungen für den Alltag. Der Mahayana-Buddhismus spricht in diesem Zusammenhang vom Unterschied zwischen „bedingtem Entstehen" und „Leerheit" oder „konventioneller Wahrheit" und „letztendlicher Wahrheit oder Wirklichkeit".

Das meint: Auch wenn wir nicht alle Bedingungen und Umstände eines konstruktiven
oder auch destruktiven Zusammenlebens mit
anderen Menschen kennen und erkennen können, so können wir doch gemeinsam hilfreiche
Verhaltensweisen oder *Konventionen* vereinba-
ren, die das Zusammenleben für alle Beteiligten
leichter machen. Das sind keine ewigen Wahr-
heiten, die wir selbstgerecht unseren Nachbarn,
Arbeitskolleginnen oder Menschen aus anderen
Kulturen um die Ohren hauen können, sondern
Absprachen, die jede Kultur und Generation immer wieder überarbeiten und in Umbruchzeiten
auch neu erarbeiten und aushandeln muss. Sie
helfen uns zu leben und fördern Gelassenheit in
guten und schwierigen Zeiten.

Tetralemma oder: je nachdem

Vier Dinge sage ich nicht:
1. *Entweder: Es geht nur so!*
2. *Oder: Es geht nur so!*
3. *Sowohl als auch!*
4. *Weder so noch so!*

<small>TETRALEMMA DES BUDDHA</small>

Diese Variante der Lehren über bedingtes und
komplexes Entstehen und Leerheit oder radi-

kale Offenheit inspiriert mich besonders: das Tetralemma oder doppelte Dilemma. Der Buddha beschreibt mit dem Begriff Tetralemma nicht nur das Dilemma des Lebens zwischen Gegensätzen wie Ich und Du, Schmerz und Freude usw., sondern er formuliert vier Aussagen, die häufig unsere Haltungen und unser Handeln bestimmen, die er aber für falsch hielt und daher nicht lehrte.

Aber was empfiehlt uns der Buddha denn dann? Frei interpretiert denkt, spricht und handelt er nach der Faustregel: je nachdem. Jeder Mensch ist anders, und unser Leben bleibt unbeständig, bedingt durch viele Umstände, und ist daher hochkomplex. Man kann also keine Regeln aufstellen, die für immer und ewig und für alle Situationen gelten.

Was du nicht willst, das man dir tu,
das füg auch keinem andern zu.
DIE GOLDENE REGEL

Die Goldene Regel fordert uns auf, über die *Folgen* unseres Verhaltens auch für andere nachzudenken: „Was *du* nicht willst, dass man *dir* tu". Der Buddha nennt seine ethischen Ratschläge klugerweise nicht Gebote und Verbote, sondern *Empfehlungen*. Damit appelliert er an die Einsichtsfähigkeit und an die Selbstverantwortung der Menschen. Das inspiriert mich seit mehr als vierzig Jahren. Es hilft mir auch, einigermaßen gelassen zu reagieren, wenn andere Menschen andere Vorstellungen von einem richtigen oder falschen Leben haben. Zumindest bin ich meist bereit, einigermaßen aufmerksam zuzuhören, wenn sie ihre Motive und Absichten für ihr Verhalten erklären.

Der Fokus der buddhistischen Ethik liegt, wie oben erwähnt, darauf, niemanden bewusst und gezielt zu verletzen, sondern nach Möglichkeit zu beruhigen und zu inspirieren, zu fördern und zu unterstützen. Aber sie zielt auch darauf ab, Grenzen zu setzen, wenn Menschen sich oder andere verletzen wollen. Das ist jedoch nur möglich, wenn wir unser eigenes Verhalten immer wieder hinterfragen. Das ist gemeint, wenn der Buddha davon spricht, Herz und Geist zu klären.

Übungen:
Die Welt als Spiegel (S. 118)
Entsagung und der Wunsch nach Freiheit (S. 119)
Bodhicitta: ein Leben zum Wohle aller (S. 119)
Radikale Offenheit und Konventionen (S. 120)

Teil Zwei
Übungen für den Alltag

Hinweise zu allen Übungen

Ich wechsle in den Übungen zwischen der Anrede mit „Sie" und mit „Du". Probieren Sie aus, was für Sie passt. Am besten ist eine persönliche Einführung in Meditation – das gilt besonders für die thematischen oder analytischen Übungen – durch eine kompetente Person, die selbst lange und mit Freude, Geduld und Humor meditiert.

Hier ein paar Hinweise: Setzen Sie sich bequem hin, auf ein Kissen am Boden oder auf einen Stuhl. *Stabil* zu sitzen fördert Vertrauen. *Aufrecht* zu sitzen fördert die Wachheit, und so *entspannt* wie möglich zu sitzen fördert tiefe Einsicht jenseits von Worten.

Beginnen Sie mit einer Frage: Was wünsche ich mir von dieser Übung? Nehmen Sie Ihre Motive und Absichten freundlich zur Kenntnis und erweitern Sie sie bei Bedarf in Richtung Verbundenheit mit anderen.

Zum Abschluss bringen Sie die Übung auf den Punkt mit der Frage: Was hat mich berührt? Was ist mir klarer geworden? Lassen Sie die Antwort einige Momente auf sich wirken. Teilen Sie am Ende die Erfahrungen innerlich mit anderen – die Tradition spricht von Widmung – und formulieren Sie einen Wunsch, wie sich diese Übung auf Sie selbst und auf andere auswirken möge.

Nach meiner Erfahrung wirkt Meditation dann besonders nachhaltig, wenn Sie eine der Grundübungen – Atem oder Körper spüren, Wohlwollen oder Freude usw. – ein paar Wochen oder Monate regelmäßig für fünf bis zehn Minuten vier, fünf Mal die Woche durchführen. Als zweite Übung können Sie eine der thematischen Übungen auswählen, die zu Ihrer aktuellen Situation passt.

Als Morgenmensch beginne ich den Tag mit einer bestimmten Übung vor dem Frühstück, und die zweite wechselnde Übung mache ich eher untertags oder am Ende des Tages, ein, zwei Stunden vor dem Zubettgehen. Probieren Sie aus, was für Sie passt. Und lassen Sie sich persönlich begleiten. Dann wird das Üben sehr viel leichter.

Ich stelle hier zunächst nur drei Grundübungen vor. Weitere Übungen finden Sie in all meinen Büchern. Wenn Sie im Spiegel dieser Übungen schwierige Erfahrungen anschauen, wählen Sie bitte zunächst relativ kleine Probleme aus. Wenn Sie die Übungen hilfreich finden, können Sie sich langsam an schwierigere Erfahrungen herantasten, immer wieder auch mit der Übung „Aufhänger, Stimmung, Hintergrund".

Drei Grundübungen

Atem und Körper spüren

Im Sitzen: Achten Sie für fünf bis zehn Minuten mit zehn Prozent Ihrer Aufmerksamkeit auf den natürlichen Atemfluss. Sie können ihn begleiten mit „Ja – Danke" oder „Aus – Ein" im Rhythmus des Atems. Wenn Sie abschweifen und denken, planen oder allerlei erinnern, können Sie das mit der Zeit bemerken und wieder zurückkehren zum Atem. Allerlei zu denken ist kein Fehler. Wenn Sie es bemerken, wissen Sie, was Sie gerade besonders beschäftigt.
Mit etwas Übung bemerken Sie das schneller und häufiger und Sie halten diese Gedanken und Gefühle usw. nicht mehr länger fest.

Im Gehen: Sie können statt einer Sitzmeditation auch ein paar Minuten mit wechselnder Geschwindigkeit zehn, fünfzehn Schritte hin und her gehen, zu Hause im Flur oder in einem Park. Begleiten Sie die Schritte mit „Ja – Danke" im Rhythmus der Schritte. Das beruhigt und macht wach.

Aufhänger, Stimmung, Hintergrund

Erinnere eine kleine Situation aus den letzten Tagen, in der du dich über eine Person geärgert hast. Erinnere so viele Einzelheiten, wie du jetzt brauchst, um die Irritation deutlich vor Augen zu haben.

Frage dich: Was war der *Auslöser*? Ein Satz, eine Geste? Wie habe ich reagiert? Hat die andere Person das bemerkt? Welche Folge hat mein Verhalten? In welcher *Stimmung* war ich unmittelbar davor? Gut gelaunt und entspannt? Neutral? Müde, angespannt, unsicher oder nervös? Was habe ich *erwartet*? Von mir, von den anderen? Bewusst oder unbewusst? Welches *Verhaltensmuster* wurde bei mir ausgelöst? Kenne ich das aus ähnlichen Situationen?

Spiele jetzt die Situation noch einmal durch mit veränderten Bedingungen. Gut gelaunt und entspannt. Die Person ist dir sehr sympathisch. Ein Vorschlag zur *Widmung*: „Möge ich häufiger bemerken, welche Auslöser in welcher Stimmung welche Muster bedingen. Und möge ich das tun oder lassen, was ein konstruktives Umgehen mit schwierigen Situationen fördert. Möge ich und mögen alle Wesen glücklich sein."

Sternstunden

Denken Sie an eine kleine Situation heute
oder gestern, in der Sie sich wohlgefühlt haben.
Welche Bedingungen haben dabei mitgespielt?
Was können Sie in den nächsten Tagen
von Ihrer Seite tun bzw. lassen, das solche
Momente fördert? Wenn Sie das wirklich
wollen, entscheiden Sie sich jetzt im Freiraum
der Übung dafür, in den nächsten drei, vier
Tagen jeden Tag einmal das Ihre für einen
Moment des Wohlbefindens zu tun. Diese
Übung können Sie für ein, zwei Wochen jeden
Tag mit unterschiedlichen Erfahrungen
durchführen. So entdecken Sie immer mehr
und immer unterschiedliche Zugänge zu
Freude.

Reflexionen

Nach Kapiteln in Teil eins sortiert.

Gleichmut und Gelassenheit (1)
Erinnern Sie sich an eine Situation, in der
Sie relativ gelassen mit einem unerwarteten
Problem umgehen konnten. Was hat dazu
beigetragen? Konnten Sie einfach akzeptieren,
dass eine solche Herausforderung zum Leben
gehört? Freuen Sie sich darüber.

Loslassen und Weglassen (1)
Denken Sie an ein, zwei Aktivitäten oder
Gewohnheiten, die Sie in den letzten zwei, drei
Wochen, Monaten oder Jahren losgelassen
haben. Was hat Sie dazu motiviert? Schauen
Sie, welchen belastenden oder langweiligen
Ablauf Sie in der kommenden Woche weglassen
können. Probieren Sie aus, was Sie loslassen
bzw. nicht mehr festhalten können und wollen.

Zulassen und Staunen (1)
Wann haben Sie das letzte Mal so richtig
gestaunt? Sich überraschen lassen? Was hatten
Sie unmittelbar davor getan oder nicht getan?

Können Sie selbst etwas tun oder lassen, damit solche Momente häufiger möglich werden?

Liebe und Anhaften (2)
Schauen Sie sich eine wichtige Beziehung mithilfe der sogenannten *vier Unterschiede* an. Das kann helfen, das Positive zu schätzen und Unvollkommenheit und Schwächen anzunehmen. Es nimmt uns Druck, und wir werden realistischer. Überlegen Sie also: Was erleben Sie häufiger in dieser Beziehung? Liebe aus Fülle oder Anhaften aus Mangel? Sehen Sie die andere Person realistisch mit Stärken und Schwächen oder idealisieren Sie sie? Nimmt Ihre Liebe zu oder schwanken Ihre Gefühle häufig? Tut Ihnen die Beziehung gut oder leiden Sie häufig darunter? Mit der nächsten Übung prüfen Sie Ihre Erwartungen.

Täuschungen und Enttäuschungen (2)
Denken Sie an eine Person, die Sie gernhaben. Sind Ihre Erwartungen an sie und an Sie selbst im Hinblick auf die Beziehung realistisch? Erwartungen an sich und Vorstellungen von sich und anderen sind dann „gültig", wenn sie zwei Bedingungen erfüllen: Sie wissen, dass das eine Vorstellung, eine Erwartung ist, und sie funktioniert. Es gibt auch Vorstellungen, die uns nicht bewusst sind. Durch eine

Ent-täuschung kann eine Täuschung, d. h. eine ungültige Vorstellung oder unrealistische Erwartung deutlich werden. Wenn wir sie immer wieder – auch nur für Momente – loslassen, d. h. nicht mehr festhalten, wird unser Blick realistischer.

Vier Schritte (2)

Wir denken an eine Person im nahen Umfeld, der es derzeit nicht so gut geht. Vielleicht ist sie krank oder fühlt sich durch die Pflege von Angehörigen überfordert. Hilfreiches Mitgefühl entsteht durch häufiges Wiederholen folgender Schritte:
Wir *fühlen* uns in ihr Leid ein, so gut es geht. Wir *unterscheiden*: Das ist dein Leid und das ist mein Leid. Wir *wünschen* uns von Herzen, dass ihr Leid weniger werden möge. Und wir *vertrauen* darauf, dass das möglich ist, auch wenn wir gerade nicht wissen, wie das gehen soll. Wir können die Übung mit derselben und mit unterschiedlichen Personen wiederholen.

Schuldzuweisungen und Feindbilder (2)

Denken Sie an eine kleine Situation, die nicht so lief, wie Sie sich es gewünscht haben. Wem oder was haben Sie die Schuld daran gegeben? Sich selbst, einer bestimmten Person, „dem System" usw.? Lassen Sie folgende

Überlegungen auf sich wirken: Wenn ich mir die Schuld gebe, fühle ich mich schlecht. Und je mehr ich anderen die Schuld gebe, desto ohnmächtiger fühle ich mich.

Halten Sie inne, suchen Sie sich Rat und Hilfe und machen Sie sich immer wieder klar, dass Schwierigkeiten zum Leben gehören, weil alles unbeständig und komplex ist und bleibt.

Üben Sie Mitgefühl mit sich und anderen, die ebenfalls Probleme haben. Tun Sie Ihr Bestes, und das ist gut genug.

Probleme, die ich nicht habe (2)
Häufig fixieren wir uns zu sehr auf unsere Probleme und vergessen darüber, dass vieles in unserem Leben auch funktioniert. Wenn Sie bemerken, dass Sie wieder einmal im Leid versinken, halten Sie einen Moment inne. Denken Sie an Probleme, die Sie aus Ihrem Umfeld kennen und die Sie derzeit nicht oder überhaupt nicht haben. Es geht hier nicht um Schadenfreude, sondern darum, das zu bemerken, was bei Ihnen gut läuft. Freuen Sie sich darüber. Mir hilft diese Übung immer wieder, eine andere Perspektive einzunehmen. Dafür bin ich dankbar. Auch Dankbarkeit können wir bewusst und immer wieder einüben.

Dankbarkeit und Verbundenheit (2)
Denken Sie an eine kleine Situation in
den letzten Tagen oder Wochen, in der Sie
Dankbarkeit für eine Erfahrung mit sich oder
anderen spürten. Freuen Sie sich darüber.
Mit etwas Dankbarkeit im Herzen fallen
Ihnen sicher noch einige weitere Momente
ein. Freuen Sie sich über jede noch so kleine
schöne Erfahrung, immer und immer wieder.

Prioritäten finden und setzen (2)
Schreiben Sie zehn Dinge oder Anliegen auf, die
Ihnen wirklich wichtig sind. Und dann notieren
Sie zehn Dinge, die in der letzten Woche im
Vordergrund standen. Stimmen die beiden
Listen in vielem überein, sind Sie vermutlich
zufrieden. Falls nicht, sind Sie wahrscheinlich
eher unzufrieden. Geben Sie dem, was Ihnen
wichtig ist, immer wieder Raum. Das inspiriert
und beruhigt.

Der Tod als Ratgeber (2)
Eine meiner Lieblingsübungen ist die Frage an
mich selbst: Was würde ich verändern, wenn
ich wüsste, ich muss in zehn, fünf oder drei
Jahren, Monaten oder Wochen sterben? Ich
lasse den Todeszeitpunkt langsam näher
rücken, bis mich etwas berührt. Häufig denke
ich: Ich würde genauso weiterleben, aber mit

mehr Vertrauen und Gelassenheit. Mit wem
will ich mich noch versöhnen? Wem möchte ich
vergeben oder wen um Verzeihung bitten?
Bei wem bedanken? Was will ich noch erleben,
lernen oder lassen? Nach dieser Übung weiß ich
immer etwas besser, was mir am Herzen liegt.

Die Drei Daseinsmerkmale (2)
Denken Sie an eine kleine Situation in den
letzten Tagen, in der es Ihnen nicht gut ging:
Kopfschmerzen, Zeitdruck, diffuse Ängste,
Unruhe usw. Wie haben Sie reagiert?
Mit Abwehr, Schuldzuweisungen an sich
selbst oder an andere? Lassen Sie folgende
Überlegungen auf sich wirken: *Leiden* gehört
zum Leben. Warum? Die Umstände *verändern*
sich immer wieder, weil das Leben so *komplex*
ist, dass niemand es völlig in den Griff
bekommen kann. Wenn ich etwas Hilfreiches
tun kann, tue ich das. Wenn nicht, lerne ich
vielleicht etwas daraus: Prioritäten zu klären,
mehr Pausen zu machen usw.

Natürliches und zusätzliches Leiden (2)
Erinnern Sie sich an eine kleine Situation,
in der Sie sich unwohl, mutlos oder hilflos
fühlten. Prüfen Sie, welche Art Leiden das
war. Natürliches Leiden gehört zum Leben:
Alter, Krankheit, Sterben und Tod; Geliebtes

zu verlieren oder nicht zu bekommen und Unangenehmes zu erleben.

Wir schaffen uns zusätzliches Leiden, wenn wir eine Situation „jetzt und sofort" anders haben wollen, als sie ist. Wir können Sie verändern, wenn wir die Bedingungen kennen und Einfluss darauf haben. Nehmen Sie es an und machen Sie das Beste daraus. Tun Sie, was sozial verträglich und hilfreich ist.

Machermentalität und Kontrollwahn (2)
Denken Sie an eine Situation, die Sie überfordert und dann wütend oder mutlos gemacht hat. Überlegen Sie, was der Grund dafür war. Vielleicht haben Sie Ihre Fähigkeiten und Ihren Einfluss überschätzt oder übersehen, dass auch hier die Bedingungen unbeständig und zu komplex waren. Wozu neigen Sie mehr: Kontrollwahn, Wut und Abwehr oder Angst und Rückzug? Ein realistischer Blick auf sich und die Welt ermöglicht Gelassenheit auch unter schwierigen Umständen. Spielen Sie die Situation mit einer realistischen Haltung noch einmal durch.

Das Ende des Haderns schenkt Frieden (2)
Sprechen oder singen Sie diesen Vers und lassen Sie ihn auf sich wirken. Immer und immer wieder. Nehmen Sie auch Ihre

Widerstände und Abwehr zur Kenntnis und
rezitieren Sie weiter: Leben ist tragisch und
erhaben / Alles, was kommt, muss auch wieder
gehen / Leben geschieht, niemand hat es im
Griff / Nur das Ende des Haderns bringt
Frieden.

Der Tod ist sicher (3)
Wir lassen die folgenden drei Aussagen in vier
Schritten auf uns wirken: Der Tod ist sicher.
Sein Zeitpunkt ist ungewiss. Nichts hilft
beim Sterben, außer Vertrauen und Einsicht.
1. Wir erinnern uns an diese Sätze und sie
leuchten uns ein. 2. Wir bewegen einen der
Sätze immer wieder im Herzen, sprechen ihn
innerlich oder ein Wort davon: sicher, ungewiss,
Vertrauen … 3. Falls wir für einen Moment
seine Wahrheit spüren, freuen wir uns. 4. Dann
stabilisieren wir unsere Einsicht durch das
bisschen Sammlung, das uns gerade möglich
ist. Immer und immer wieder.

Vorbilder und Menschen,
denen ich vertraue (3)
Denken Sie an ein, zwei Menschen in Ihrem
nahen Umfeld, die für Sie Vorbild sind oder es
in der Vergangenheit waren. Worin waren sie
Vorbild? Was haben Sie von und mit diesen
Menschen gelernt? Denken Sie immer wieder

an nahe Menschen, aber auch an Vorbilder aus den Bereichen Religion und Wissenschaft, Literatur oder Politik usw., denen Sie vertrauen, auch wenn sie keine perfekten Menschen waren oder sind.

Meine Lebensfragen (3)
Gibt es für Sie wichtige und große unbeantwortete Fragen, die Ihnen vielleicht seit Kindheit und Jugend am Herzen liegen? Welche Vorbilder oder Menschen in Ihrem Umfeld machen Ihnen Mut, diese offenen Fragen zuzulassen? Mit wem können Sie darüber reden? Freuen Sie sich darüber, mit Dankbarkeit und Wertschätzung.

Vertrauen ins Große Ganze (3)
Kennen Sie das Gefühl der Zugehörigkeit zum Großen Ganzen, ob man es nun Kosmos oder Gott, Schöpfung oder das All nennt? Mein Leitsatz ist: Wir können aus dieser Welt nicht herausfallen. Wohin sollten wir auch fallen? Die fassbare und unfassbare Welt sind ein Großes Ganzes, in dem ich mich geborgen fühle. Auch dann, wenn das Leben schwierig ist.

Achtsamkeit mit Leib und Seele (4)
Mit regelmäßigen kurzen Übungen des Innehaltens können wir uns unserer Fähigkeit

zur Achtsamkeit bewusstwerden: bemerken, was geschieht, und uns daran erinnern, was heilt. Wir achten z. B. auf den natürlichen Atemrhythmus, mit oder ohne Worte, und lernen bemerken, was neben der Aufmerksamkeit für den Atem alles noch geschieht: denken und träumen, planen und erinnern. Das nehmen wir freundlich zur Kenntnis und erinnern uns daran, was heilt und hilft. Wenn wir Gedanken und Gefühle nicht festhalten, gehen sie von allein. Diese Entdeckung fördert Gelassenheit im Auf und Ab des Lebens.

Geduld und Ungeduld (4)
Halten Sie sich für geduldig oder eher für ungeduldig? Üben Sie Geduld in drei Bereichen: 1. Geduld mit sich selbst und mit schwierigen Mitmenschen; 2. Geduld mit den Schwierigkeiten der regelmäßigen Übung von Innehalten und Gelassenheit und ihrer vielen Verwandten; 3. Geduld mit der immer tieferen Einsicht in die Grenzen Ihres Wissens und Denkens. Niemand hat die Wahrheit im Griff. Wir sind und bleiben immer auf der Suche.

Freude am heilsamen Tun (4)
Eine Sternstunde meines buddhistischen Weges waren die Lehren über die Energie, die durch Freude am heilsamen Tun entsteht.

Wann spürten Sie in den letzten Tagen und
Monaten viel Energie? Worum ging es dabei:
Status, Besitz, Anerkennung oder angenehme
Gefühle oder vor allem um die Freude an einem
sinnvollen Tun, das heilsam und hilfreich
für Sie selbst oder andere ist? Falls Sie das
entdecken, geben Sie diesem Tun mehr Raum.
Bei schwacher Gesundheit oder Krankheit
können auch gute Wünsche für sich und andere
einen kleinen Energieschub auslösen. Freude
ist und weckt Energie.

Humor und spielerisches Tun (4)
Denken Sie an Momente, in denen Sie über
sich selbst gelacht haben. Und an vertraute
oder ungewohnte neue Abläufe, die Sie mit
einer spielerischen Haltung gemeistert haben.
Freuen Sie sich darüber und probieren Sie es
immer wieder. Wenn Ihnen das nicht gelingt,
wählen Sie eine andere Übung, die besser zu
Ihnen passt.

Perfektion ist ein Gedankending (5)
Haben Sie schon einmal eine Arbeit perfekt
erledigt? Fühlten Sie sich schon einmal
perfekt? Leben bleibt komplex, und Perfektion
kann man nur denken, aber nicht leben.
Denken Sie an eine Situation, in der Sie sich
durch den Anspruch, perfekt zu sein, so sehr

unter Druck gesetzt haben, dass Sie verzweifelt aufgegeben haben. Denken Sie anschließend an Aufgaben, die Sie gut genug erledigen konnten. Freuen Sie sich darüber und tun Sie Ihr Bestes, und das ist gut genug.

Masterpläne oder: Es geht nur so! (5)
Welche Probleme stehen für Sie derzeit im Vordergrund: Persönliche Umbrüche oder politische und globale Krisen wie Klima, Kriege, Globalisierung usw.? Wer sollte Ihrer Meinung nach was tun oder lassen, um dieses Problem zu lösen? Können Sie den Gedanken zulassen, dass es keine einfachen Lösungen für alle Probleme gibt? Die Einsicht in die Grenzen allen wissenschaftlichen und politischen Wissens und Handelns kann Gelassenheit fördern. Denn Leben bleibt unbeständig und komplex, und wir müssen lernen, miteinander auszukommen. Was löst diese These bei Ihnen aus? Mit wem können Sie offen über aktuelle Krisen und Sorgen sprechen, auch wenn Sie in manchen Dingen unterschiedlicher Ansicht sind?

Ich will den Himmel auf Erden (5)
Lassen Sie folgende Überlegungen auf sich wirken und schauen Sie, was diese drei Sätze in Ihnen auslösen: „Ich will den Himmel auf

Erden. Wenn das nicht klappt, ist das die Hölle auf Erden. Es gibt aber nur die Erde auf Erden." Tauschen Sie sich mit vertrauten Menschen darüber aus.

Meine Beziehungen (6)
Denken Sie an wichtige Beziehungen in Ihrem nahen und weiteren Umfeld. Welche der folgenden fünf Säulen stehen im Vordergrund und sind stabil, welche wanken oder sind nicht mehr da? 1. Familie und Wahlverwandte. 2. Nachbarschaft. 3. Beruf, Arbeit und Ehrenamt. 4. Hausärztin und Gesundheits-beraternetzwerk. 5. Religiöse bzw. spirituelle Gemeinde und existenzielle Werte. Freuen Sie sich über die Beziehungen, die Sie tragen, und fördern Sie nach Möglichkeit die, die fehlen oder wanken.

Feindbilder: Wer ist schuld? (6)
Welche Herausforderungen und Krisen beschäftigen Sie derzeit besonders? Was hilft Ihnen, damit konstruktiv umzugehen? Geben Sie jemandem die Schuld an Ihren Problemen? Lassen Sie eine meiner tiefen Einsichten auf sich wirken: Je mehr wir uns selbst oder anderen die Schuld an Problemen geben, desto ohnmächtiger fühlen wir uns. Und dann wir mit Wut oder Angst oder Erstarren.

Leben bleibt unbeständig und komplex, und natürliches Leiden gehört dazu. Konstruktive Lösungen finden wir nur zusammen mit anderen und mit tiefem Vertrauen.

Was kann ich tun? (6)

Denken Sie an eine zentrale Herausforderung oder an ein Problem, das Sie derzeit und vielleicht immer wieder beschäftigt. Was können Sie allein und zusammen mit anderen konstruktiv zur Erleichterung Ihrer Situation tun? Ich glaube an kleine Schritte, die kleine Erfolgserlebnisse schenken können. Probieren Sie aus, was auch nur ein bisschen tröstet oder ermuntert, hilft oder neue Wege aufzeigt. Tag für Tag und immer und immer wieder. Das fördert Zuversicht, Geduld und Gelassenheit.

Die Welt als Spiegel (7)

Denken Sie an einen kleineren Streit oder einen inhaltlichen Konflikt. Erinnern Sie sich kurz an Ihre Meinung und die der anderen Person und spielen Sie dann mit dem Bild des Spiegels. Die andere Person könnte Ihnen eine wenig bewusste oder unbekannte Seite von sich zeigen. Wiederholen Sie diese Übung immer wieder mit unterschiedlichen Personen und Themen. Vielleicht erweitert das Ihr Wissen über sich selbst.

Entsagung und der Wunsch nach Freiheit (7)
Denken Sie an Anliegen oder Dinge, die Ihnen
vor zehn, zwanzig usw. Jahren wichtig waren
und heute nicht mehr wichtig sind. Was half
Ihnen dabei, sie loszulassen? Fühlten Sie sich
durch diese Anliegen eingeengt oder belastet?
Ich habe immer noch viele alte Vorlieben und
Gewohnheiten, und fühle mich manchmal
gefangen in meinen Mustern. Aber ich nehme
einige nicht mehr so ernst, seit mir klar wurde
und wird, dass sie mich überfordern und
einengen: Recht haben wollen, überzogene
Erwartungen und Ansprüche an mich und
andere, an Politik und Wirtschaft, Demokratie
und angemessenes Verhalten usw. Ich versuche
die Menschen so zu nehmen, wie sie sind, und
tue mein Bestes. Das ist gut genug.

Bodhicitta: ein Leben zum Wohle aller (7)
Der Wunsch, zum Wohle aller zu leben, inspiriert
mich seit 1977, als ich ihn zum ersten Mal hörte.
Wie das gehen kann, probiere ich aus, Tag für
Tag, so gut es geht. Experimentieren Sie mit
vier möglichen Einstellungen, Motiven und
Absichten, die die buddhistische Tradition
beschreibt: 1. kurzfristige und 2. langfristige
Bedürfnisse befriedigen – das müssen wir alle
können, um zu überleben und einigermaßen gut
zu leben; 3. unheilsame Muster bemerken und

verringern – das wollen nur wenige;
4. ein Leben zum Wohle aller führen – das
ist nicht wirklich möglich, kann aber als
Orientierung sehr inspirieren. Probieren Sie
es aus.

Radikale Offenheit und Konventionen (7)
Denken Sie an drei, vier Meinungen oder
Einstellungen, die Sie für richtig halten und
nach denen Sie leben wollen und einigermaßen
leben können. Dann erinnern Sie sich an
einen Konflikt in Ihrem Umfeld, bei dem
diese Einstellungen infrage gestellt wurden.
Versuchen Sie im Freiraum der Übung, die
andere Meinung anzuhören und dafür offen zu
bleiben. Und auch wenn das nicht gut gelingt,
bleiben Sie höflich und respektvoll. Denn
Menschen sind und bleiben verschieden, und
unser Wissen hat Grenzen.

Das Tetralemma oder: je nachdem (7)
Denken Sie an einen Streit oder Konflikt, der Sie
sehr aufgeregt hat. Experimentieren Sie mit den
vier Aussagen, die der Buddha nicht hilfreich
fand: 1. Entweder: Es geht nur so! 2. Oder:
Nein, es geht nur so! 3. Sowohl als auch.
4. Es geht weder so noch so! Wenn ich den
4. Satz erweitere zu: „Es geht weder *nur* so
noch *nur* so!", öffnet das für mich Türen.

Frühere Erfahrungen sind nützlich und manchmal hilfreich, aber ich begreife immer mehr, dass jede konkrete Situation neues Überlegen erfordert. Herz und Geist werden weiter und ich kann – manchmal erst im Nachhinein – besser zuhören. Und vielleicht verstehen, warum jemand so oder so denkt und handelt.

Anhang

Leseempfehlungen
(Lieblingsbücher mit Sternchen)

*Arendt, Hannah (1996): Ich will verstehen. Selbstauskünfte zu Leben und Werk. Piper, München.

*Arendt, Hannah (2001): Vita Activa oder Vom tätigen Leben. Ungekürzte Taschenbuchausg. 12. Aufl. Piper, München.

*Armstrong, Karen (2006): Achsenzeit. Vom Ursprung der Weltreligionen. Siedler, München.

*Armstrong, Karen (2012): Die Botschaft. Der Weg zu Frieden, Gerechtigkeit und Mitgefühl. Pattloch, München.

*Buber, Martin (2014): Ich und Du (1923). Nachw. von Bernhard Casper. Reclam, Stuttgart.

Dalai Lama (1998): Gesang der Inneren Erfahrung. Die Stufen auf dem Pfad zur Erleuchtung. Dharma Edition, Hamburg.

*Dalai Lama (2015): Der Appell des Dalai Lama an die Welt. Ethik ist wichtiger als Religion. Mit Franz Alt. Benevento, Wals bei Salzburg.

*Dürr, Hans-Peter (2001): Wir erleben mehr als wir begreifen. Quantenphysik und Lebensfragen. Herder, Freiburg.

Dürr, Hans-Peter (Hg.) (2018): Physik und Transzendenz. Die großen Physiker unserer Zeit über ihre

Begegnung mit dem Wunderbaren. Überarb. Neu-
aufl. Driediger, Bad Essen.

Haas, Alois M./Binotto, Thomas (2013): Meister Eckhart.
Der Gottsucher. Kreuz, Freiburg.

*Harris, Thomas A. (2007): Ich bin o.k., du bist o.k.
Einführung in die Transaktionsanalyse. 42. Aufl. Rowohlt, Reinbek.

*Harari, Yuval Noah (2013): Eine kurze Geschichte der
Evolution. DVA, München.

*Jaspers, Karl (1971, 1953): Einführung in die Philoso-
phie. Piper, München.

Jung, C. G. (2023, 1921): Die Relativität des Gottes-
begriffes bei Meister Eckhart. In: GW 6: Psychologische Typen. 6. Aufl. Ed. C. G. Jung, Patmos, Ostfildern,
§§ 407–433.

Kabat-Zinn, John (1991): Gesund und stressfrei durch
Meditation. Das große Buch der Selbstheilung. O. W.
Barth, München.

*Marquard, Odo (2008): Glück im Unglück. Philosophi-
sche Überlegungen. 3. Aufl. Fink, Paderborn.

*Marti, Lorenz (2012): Eine Handvoll Sternenstaub.
Kreuz, Freiburg im Breisgau.

*Meister Eckhart (1951, 1996). Vom Wunder der Seele.
Reclam, Stuttgart.

*Nidiaye, Safi (2005): Probleme lösen mit Meditation.
Selbsthilfe für den Alltag. Hugendubel, Kreuzlingen/
München.

*Neumann, Erich (2023): Die Gruppe, der Große Ein-
zelne und die Entwicklung des Individuums. In:

ders.: Ursprungsgeschichte des Bewusstseins. Neuausg. Patmos, Ostfildern, Appendix I, S. 429–445.

*Pieper, Josef (2013, 1935): Hoffnung und Geschichte.
Der Mensch und seine Zukunft. Topos, Ostfildern.

Ploberger, Florian (Hg.) (2023): Krank oder gesund. Wie
man es sieht. Bacopa, Wien. (mit Beitrag v. S. Wetzel)

*Rigdzin Shikpo (Michael Hookham, 2009): Wende dich
niemals ab. Arbor, Freiamt.

*Roth, Gerhart (2003): Aus Sicht des Gehirns. Suhr-
kamp, Frankfurt.

Stammler, Frank (2009): Das Geheimnis des Anderen.
Empathie in der Psychotherapie. Klett-Cotta, Stuttgart.

Tarab, Tulku: www.tarab-institut.org.

*Thubten, Yeshe (1998): Die Grüne Tara. Weibliche
Weisheit. Grundlagen des buddhistischen Tantra.
Herausgegeben und übersetzt von Sylvia Wetzel.
Diamant, München.

*Thubten, Yeshe (2007): Grenzenlos ist die Kraft des
Geistes. Einführung von Sylvia Wetzel. Diamant,
München.

*Thubten, Yeshe (2009): Meditieren, Selber denken, Tief
verstehen. Mit einer Einführung von Sylvia Wetzel.
Diamant, München.

*Tillich, Paul (2015): Mut zum Sein. Neuausg. De Gruyter,
Berlin.

*Van Schaik, Carel/Michel, Kai (2020): Das Tagebuch
der Menschheit. Was die Bibel über unsere Evolution verrät. 9. Aufl. Rowohlt, Reinbek bei Hamburg.

*Weber, Max (1984): Die protestantische Ethik und der Geist des Kapitalismus (1904). Gerd Mohn, Gütersloh.

*Wilber, Ken (1997): Eine kurze Geschichte des Kosmos. Fischer, Frankfurt am Main.

Bücher von Sylvia Wetzel

2024: Säulen des Lebens. Was uns trägt. Patmos. Ostfildern.

2023: Perlen buddhistischer Weisheit. Meditationen von A–Z. Patmos, Ostfildern.

2022: Grüne Tara – Freie Frau. Ein weibliches Bild des Erwachens. edition steinrich, Berlin.

2022: Hoch wie der Himmel. Tief wie die Erde. Einsichten und Übungen zu Liebe, Beziehung und Arbeit. Vollständig überarbeitete und erweiterte Neuausgabe. Patmos, Ostfildern (1. Aufl. Theseus, Berlin 1999).

2019: Erwachen und Erlösung. Eine Buddhistin interpretiert das Christentum. Patmos, Ostfildern.

2018: Fühlen ist Leben. Mit schwierigen Gefühlen umgehen. Herder, Freiburg im Breisgau.

2018: Lass los, was dich beschwert. Herder (1. Aufl. unter dem Titel: Leichter leben. Praktische Meditationen zum Umgang mit Gefühlen. Theseus, Berlin 2002).

2018: Meditieren – aber wie? Krisen in der Meditation überwinden. Klett-Cotta, Stuttgart.

2017: Mut zur Muße. Sich Zeit gönnen für das Wesentliche. Scorpio, München.

2015: Vertrauen. Finden, was uns wirklich trägt. Scorpio,
München.

2014: Achtsamkeit und Mitgefühl. Mut zur Muße statt
Hektik und Burnout. 4. Aufl. Klett-Cotta, Stuttgart
2019.

2007: Worte wirken Wunder. Reden mit Herz und Verstand. 2. Aufl., revidierte Ausgabe. Lehmanns, Berlin
2013.

1999: Das Herz des Lotos. Frauen und Buddhismus.
2. Aufl. der Neuausgabe. edition steinrich, Berlin
2018 (1. Aufl. S. Fischer, Frankfurt am Main 1999).

Zusammen mit Luise Reddemann

2017: Mögen alle Wesen glücklich sein. Mitgefühl und
Gerechtigkeit neu entdecken. Patmos, Ostfildern.

2011: Aufmerksamkeit, Achtsamkeit und Erwachen –
buddhistische Perspektiven. In: Reddemann, Luise
(Hg.): Kontexte von Achtsamkeit in der Psychothera-
pie (Lindauer Beiträge zur Psychotherapie und
Psychosomatik). 2., überabeitete Aufl. Kohlhammer,
Stuttgart 2017

2011: Der Weg entsteht unter deinen Füßen. Achtsamkeit und Mitgefühl in Übergängen und Lebenskrisen.
2. Aufl. der Neuausgabe. Herder, Freiburg im Breisgau
2018.

Über die Autorin

Sylvia Wetzel, geb. 1949, studierte Russisch und Politik, Abschluss 1975. Sie befasst sich seit 1968 mit unterschiedlichen Wegen zur psychologischen und politischen Befreiung und seit 1977 mit dem Buddhismus. Ausbildung in der tibetischen Tradition bei Lama Thubten Yeshe, Zopa Rinpoche, Rigdzin Shikpo u. a. und zwei Jahre Praxis als Nonne. Wichtige Impulse kommen aus dem Rinzai-Zen, dem Theravada und dem Tara-Rokpa-Prozess. Mit ihrem kritischen Blick auf Kultur und Geschlechterrollen in Ost und West ist sie eine Pionierin des Buddhismus in Europa. In ihren Kursen und Büchern macht sie komplexe Themen in verständlicher Sprache einem breiten Publikum zugänglich. Sie hat mehrere Schülerinnen ausgebildet und autorisiert, die ihre Arbeit weiterführen. Informationen zu ihren Kursen erhalten Sie im Büro und im Netz.

Informationen über Kurse
Nives Bercht, Heckmannufer 4a, 10997 Berlin
030/618 12 14. info@sylvia-wetzel.de
www.sylvia-wetzel.de
(Termine, Texte, Audio-Podcasts u. a.)

Informationen zum Buddhismus

www.dharma.de (Deutsche Buddhistische Union e. V.,
   DBU)
www.buddhismus-austria.at (Österreich)
www.sbu.net (Schweiz)
www.buddhistische-akademie-bb.de (Berlin)
www.buddhistische-perspektiven.de (Lehrerinnen-
   Verband)
www.buddhastiftung.org
www.frauenundbuddhismus.de
www.berzinarchives.com (viele Texte)
www.fpmt.org (Lama Thubten Yeshe u. a. auf Englisch)

Buddhistische Zeitschriften und Verlage
Buddhismus Aktuell. www.buddhismus-aktuell.de
   (DBU e. V.)
Chökor. www.choedzong.de (Tibetisch)
Dharma-Nektar. www.dharma-nektar.de (Tibetisch)
Intersein. www.intersein-zeitschrift.de (Thich Nhat
   Hanh)
Tibet und Buddhismus. www.tibet.de
Ursache & Wirkung. www.ursache.at

www.buddhareden.de
www.buddhistischer-studienverlag.de
www.dharmata-verlag.de
www.diamant-verlag.info
www.edition-steinrich.de
www.theseus-verlag.de
www.zeh-verlag.de